项目支持

中宣部宣传思想文化青年英才扶持项目

暨南大学文学院高水平大学经费资助
“文化治理视域下网络文艺的评论机制与话语建构”
（JDWXY202012）项目

首届广东省签约文艺评论家项目

网络文艺的本土实践

基于文化创意与价值观视野的观察

郑焕钊
——著

南方日报出版社
NANFANG DAILY PRESS
中国·广州

图书在版编目（CIP）数据

网络文艺的本土实践：基于文化创意与价值观视野的观察 / 郑焕钊著 . — 广州：南方日报出版社，2022.10

ISBN 978-7-5491-2611-8

Ⅰ . ①网… Ⅱ . ①郑… Ⅲ . ①文艺－网络传播－研究－中国 Ⅳ . ① I0-39

中国版本图书馆 CIP 数据核字 (2022) 第 173816 号

WANGLUO WENYI DE BENTU SHIJIAN

网络文艺的本土实践：基于文化创意与价值观视野的观察

著　　者：郑焕钊
出版发行：南方日报出版社
地　　址：广州市广州大道中 289 号
出 版 人：周山丹
责任编辑：刘志一　张煜杰
装帧设计：邓晓童
责任技编：王　兰
责任校对：熊丽思
经　　销：全国新华书店
印　　刷：广东信源文化科技有限公司
开　　本：787mm×1092mm　1/16
印　　张：14
字　　数：200 千字
版　　次：2022 年 10 月第 1 版
印　　次：2022 年 10 月第 1 次印刷
定　　价：58.00 元

投稿热线：（020）87360640　读者热线：（020）87363865

目 录

Contents

导　论

一、网络文艺是全球化的新文艺

20世纪60年代以来，美国凭借着其强大的政治、经济和军事力量，推行全球文化战略，以好莱坞电影为主要代表的美国文化成为全球化的主流文艺，成为输出美国价值的最重要载体。尽管世界各国意识到美国文化的影响力，采取各种方式力图抵抗美国文化的入侵，但是毫无疑问，历经半个多世纪发展的好莱坞电影，仍然是极具影响力的全球文化。此外，美国游戏、流行音乐、电视剧等文艺，也风靡全球，代表着20世纪全球化的文艺形式。

20世纪末以来，随着互联网技术和数字技术的发展，以国际贸易为主导的全球化逐渐向以数字经济为主导的全球化进行转型。世界各国高度重视数字经济、创意产业和文化竞争，纷纷出台国家战略推动数字经济发展。中国、印度、巴西等发展中国家充分利用劳动力优势承接先进制造业并实现技术赶超，成为世界经济新的发展力量，并且借助商业模式的重构和技术的革新，成为全球互联网产业和数字经济发展的重要引擎。

网络数字文化内容产业作为世界数字经济发展中的重要组成部分得到快速发展。以网络影视、网络动漫、网络游戏、网络音乐等网络文艺为主体的全球数字娱乐产业，成为美国、日本、韩国以及欧盟诸国等发达国家，以及中国、印度、巴西等广大发展中国家进行产业升级、推行文化国际化战略的重要经济和文化形式。从20世纪90年代中后期开始，美国推动“信息高速公路计划”，日本推动e-Japan项目，欧盟推动eEurope 2002战略，韩国推动“文化立国”国家战略，世界各国不断推动本国网络数字文化内容的生产，并借用各种力量将其推向世界，取得良好的成绩。美国在数字影视、数字游戏、数字音乐、数字动画等方面引领全球；而在很多发达国家，数字文化内容也成为数字经济的重要支撑，成为国家支柱性产业。早在2013年，日本数字内容市场份额就占内容文化产业市场整体规模的64%。

中国数字产业发展迅速，并在互联网金融等很多领域具有全球引领性。中国信息研究院发布的《中国数字经济发展白皮书（2017年）》显示，2016年中国数字经济占GDP比重达30.3%。另外工信部发布的《2018年中国泛娱乐产业白皮书》显示，2016年我国泛娱乐产业产值达到4155亿元，约占数字经济的18.4%；2017年，我国泛娱乐核心产业产值约为5484亿元，同比增长32%，预计占数字经济的比重将会超过1/5，成为我国数字经济的重要支柱和新经济发展的重要引擎。

网络社会的崛起、数字经济的发展和数字时代的全面到来，极大地推动了网络文艺的全球化流通、竞争和发展。网络数字文化是21世纪全球文化竞争的主要力量。通过数字化生产、数字化呈现和网络流媒体传播与消费，网络影视、网络音乐、网络游戏、网络动漫、网络短视频等网络文艺已经毫无疑问成为21世纪全球化的新文艺。在这一全球化的过程中，中国的网络游戏和网络文学也快速走向世界，成为中国文化走出去最重要的力量。而中国网络文学也成为一项“文化奇迹”，全球自发翻译并分享中国网络小说的海外社区、网站已超过百家，读者遍布全球20多个国家和地区，中国网络小说被翻译成十余种语言文字。中国等发展中国家借助网络文艺全球化的浪潮，有力地推动世界文化多样化的发展。

网络文艺成为全球化的新文艺，是网络信息技术、数字技术和人工智能技术推动产业升级和内容创新的必然结果。

近年来，互联网和移动互联网技术得到快速发展与普及。互联网数据研究机构 We Are Social 和 Hootsuite 共同发布的《“数字 2018”互联网研究报告》显示，截至2017年6月，全球网民数量占全球人口的一半，尤其是在广大发展中国家，互联网仍保持极高的增速，其中又以移动互联网用户的增长为主体。以智能手机、互联网电视等为主体的互联网智能设备成为文化内容消费的主要媒介，这极大地推动了文化和文艺内容的数字化呈现和传播消费的进程。新兴网络文艺的形态业态不断出现，网络直播、网络电竞、短视频等新的文艺形态，创新了文艺表达的方式和传播的途径；从评论、弹幕到短视频的社交形式的变化，也推动了网络文艺消费方式的变化。互联互通的媒介本质、互动共享的社交媒介和数字传播的快捷技术，是网络文艺全球化的媒介技术基础。网络基础设施的建设、流量资费的降低与内容生产门槛的降低，极大地推动了网络文艺的互动生产，微创意、微故事、微情感等内容形态极大激发了用户的创造力和表达欲。不同国别、不同阶层、不同文化程度的社会个体都随时随地便利地消费、分享和生产内容，一个遍及全球各国的新的文化主体因为互联网数字技术而成为可能。

与此同时，移动互联网及其智能设备的极大普及，也推动着传统文艺和文化内容的网络化传播和数字化转型。音乐、电影等传统文艺形式的数字化和网络化成为一种必然的选择，显示其媒介融合的巨大能量。网络文艺不仅作为一种新的文艺形态出现，而且还作为一种融合力量，不断地转化和涵纳传统文艺的各种内容，改写着文艺和文化的版图。2015年，数字音乐收入占全球音乐收入的45%，超过实物收入；2016年美国电影数字视频收入已经赶超影院票房收入，2017年更是大幅超过了影院票房收入。这些正显示出网络文艺作为全球化新文艺的特别之处。

随着媒介融合和技术升级，AR/VR（增强现实技术/虚拟现实技术）、人工智能、大数据算法等技术的发展与应用，全球数字娱乐与网络文艺不断升级。文艺内容的呈现愈发重视文化科技的融合和体验感的提升，以"文化+科技"为主要呈现方式的网络数字内容和网络多媒体体验成为最具竞争力和想象力的新文化形式，能够满足用户体验感不断升级的文化需求。以韩国Webtoon在线漫画为例，新一代漫画家充分利用互联网平台的优势，创造性地在漫画中加入声音、色彩、3D动态等一系列动画元素，使在线漫画在阅读体验上大大超越传统纸媒漫画。该网站的漫画因其独特的体验感，不仅深受韩国读者喜爱，而且深受中国和日本读者的欢迎。

跨国资本、商业的流通和合作，则是网络文艺全球化的生产动力，它们共同推动着全球文艺生态的革新。资本、人才、技术、平台和IP（知识产权）的跨国合作、生产和流通加快了网络文艺全球化的步伐。通过收购、并购和合作等方式，搭建全球性的互联网平台是网络数字文化发展的基础和竞争的关键。美国网络视频平台奈飞、亚马逊、Hulu和YouTube Red（2018年更名为YouTube Premium）等不断扩张海外市场，开展全球业务。以奈飞为例，从2009年起奈飞开启全球化运营，率先在加拿大开展业务，后来又逐步进入拉美、欧洲等地，到2016年，除中国大陆等地，奈飞已经完成其全球化部署，2017年也与爱奇艺达成战略合作，有望进军中国市场。腾讯自2011年起，先后收购了Riot Games、CJ Games、Vina Game、PATI Games和Pocket Gems等网络游戏平台，国际影响力越发扩大。阿里大文娱也一直在推行国际化战略，图文内容平台UC News的海外用户已经突破一亿。

全球数字原住民的文化特质决定网络文艺的全球化特征。以年轻人为主体的全球数字原住民，凭借其互联网媒介文化存在状态，以及对新技术形态的快速掌握与运用，成为网络数字文化和网络文艺的最重要的文化生产和传受主体。数字原住民具有天然的全球文化主体的特征。互联网成为他们了解世界各国文化的平台，伴随"网生代"成长的全球网络游戏、网络文学、网络动漫等，已构成具有共享性的文化数据库，全球的年轻一代在互联网共享着全球性的文化产品，通过互联网连接有着共同兴趣和审美情感的虚拟共同体，并在其中再生产新的文化内容。他们对内容的消费早已打破国家地理的边界，而是以文化内容、形象消费和技术驱动，建立网络社群的新的族群形态和多元差异的新的文化形态。

全球化与本土化的关系一直是全球化讨论中的关键性问题，也一直是以美国为主导的文化全球化所带给世界各个国家的压力与危机，20世纪晚期关于文化帝国主义的讨论，正是针对文化全球化而言。但因为作为全球性媒介的网络文艺和数字文化与地方性文化之间的复杂关系，也因为那部誉满全球的《主流——谁将打赢全球文化战争》的作者，法国社会学家、记者弗雷德里克·马特尔在另一部观察数字时代全球文化的专著《智能——互联网时代的文化疆域》中所写到的语言、地区和文化等“边界”的存在，以及网络社群的主观属性，所以，与人们所设想的互联网全球化的均一性不同，“尽管互联网的基础设施建设是全球性、去疆域化的，但其内容和网上交流则主要是非全球连通的，且呈现疆域化和碎片化特征。换句话说：互联网有着带有全球性互动的疆域化。”①因此，全球本土化与本土全球化的张力始终是作为全球化新文艺的网络文艺的基本特征。

加拿大著名历史学家、国家问题研究专家让-路易·鲁瓦在《全球文化大变局》中也指出，随着中国、印度、巴西、土耳其等国家的发展，国际经济关系的深刻变化正在改写着世界各国和各地区之间的关系，而数字时代的全面到来，给人类注入了新的能量，“对整个人类的文化遗产、记忆、古今知识大门大开方便之门，把来自不同国家，具有共同兴趣、共同目标和共同意愿的人们聚集在一起”②，文化在虚拟空间“展示并证明了它的多元性”③，这意味着“21世纪是一个多元的世纪”④。事实上，由于

---

① [法]弗雷德里克·马特尔：《智能——互联网时代的文化疆域》，君瑞图、左玉冰译，商务印书馆，2015，第347页。

② [加]让-路易·鲁瓦：《全球文化大变局》，袁粮钢译，海天出版社，2016，第12页。

③ [加]让-路易·鲁瓦：《全球文化大变局》，袁粮钢译，海天出版社，2016，第14页。

④ [加]让-路易·鲁瓦：《全球文化大变局》，袁粮钢译，海天出版社，2016，第20页。

互联网所具有的涵纳性能量，网络数字文化和文艺的生产，将以网络和技术为体验的形式，去不断地重返不同文化的遗产、记忆、情感、审美和知识，而这将真正让互联网成为沟通、理解不同文化和文明历史与现实的有效媒介。“一带一路”国家的网络数字文化合作与交流，中西方数字文化与人文交流，人类文明共同体的构建，世界文化多样性的发展，正需要不断地去挖掘网络文艺所具有的全球与本土之间的技术和文化的能量。而这也正是网络文艺作为全球化的新文艺之所以“新”的关键所在。

二、走向文化融合的中国网络文艺

在数字化、技术化、产业化的背景下，中国网络文艺着力塑造数字文化生活新形态，以“文化破圈”“产业融合”与“价值融入”等方式，深入老百姓日常生活，参与主流文化和价值建构，极大地拓展了中国网络文艺的多样功能，成为引领文化时尚、促进社会发展的重要力量，体现出其文化融合的积极走向。

（一）“破圈”：网络文化与主流文化双向融合

近年来，网络文艺领域频频涌现“破圈”热点：2020年bilibili网站（后简称B站）跨年晚会将青年亚文化与中国优秀传统文化进行融合创新，成为具有轰动效应的文化事件；2021年央视网络春晚上，清华大学上海校友会老年合唱团的一曲《少年》，以网感文化的方式实现代际与价值观之间的融合，成为全国观众的焦点；男频网文小说《赘婿》的影视化，以“喜剧+甜宠”的类型重构和女性价值观融合，试图打破圈层受众的限制，引发不同意见的争论；网络综艺《说唱新世代》《戏剧新生活》《德云斗笑社》等将小众艺术赋予网感，力求实现受众的“破圈”，成为文化综艺新潮流。而耽改剧《山河令》，不仅引发亚文化出圈的讨论，更直接促成相关监管政策的出台和监管行动的执行。“破圈”作为当下网络文艺的关键词，既显示出网络文艺已然成为不同文化进行相互交融创新重要载体的新趋势，也在一定程度表征了当下网络文化融合的新问题。

从网络文艺生产与传播的内在机制而言，随着我国网民数量不断增长，各类网络文艺网站平台的竞争更加激烈。如何巩固存量用户，吸引增量人群，在以流量作为主要经济指标的网络数字经济领域，就成为资本逻辑下，网站平台生存发展的关键。网络文艺的创作者和生产者，往往通过挖掘新题材，开发新类型的方式来开辟网络文艺内容的新空间，通过对各种类型的青年亚文化、小众艺术等圈层文化的内容转化，力图吸引特定圈层用户，并以其创意和传播的效应试图进行“破圈”，以最大化受众人群，这是网络文艺谋求“破圈”的最内在的动力。而在更深层面上，随着我国网民数量的快速增长、网民结构的变化、媒介技术的下沉以及数字生活的不断深入，网民数字化的生活体验的表达需求、多元化文化资源融合碰撞、主导价值与多元价值之间的融合建构，都内在地推动着不同网络文艺的“破圈”融合的冲动。

在政策规范、资本推动以及类型发展的共同作用下，网络文艺不断探寻圈层亚文化走向主流受众的“破圈”途径与方式，寻找青年亚文化价值观与主流价值观融合的可能性。网综《说唱新世代》通过重新定义说唱（“万物皆可说唱”），让说唱内容源自生活，表达对校园暴力、职场环境、女性地位、世界和平等主题的关注，让说唱者承担社会关怀，开拓说唱音乐走向社会生活的广阔空间，打破人们对说唱综艺的刻板印象，以一批充满现实关怀的说唱音乐作品使说唱艺术真正迈入大众视野。而主流平台、传统艺术也不断借助网络文艺的网感风格和传播策略来进行反向的融入与突围。《戏剧新生活》以“极限挑战”的游戏模式，以戏剧人生活与戏剧人作品为中心，将艺术性命题的探讨、戏剧人对戏剧的热爱与艰辛的生活，以及戏剧作品的动人力量共同呈现，实现了专业性、人文性与娱乐性的统一，收获专业和大众双重口碑。正是以网络文艺为中心，网络文化与主流文化进行双向融合，推动了文化的发展。

（二）“跨界”：文化产业与网络文化的深度融合

作为数字文化经济的原创内核，网络文艺以文化产业链的建构、拓展与衍生为依据，不断拓展行业边界，强化生活服务功能，多维度与艺术、影视、旅游、文博、科技、教育、体育等相关产业进行融合，最大程度推进“文艺+产业”的联动效应。

爆款网游《王者荣耀》不断探索从娱乐型游戏向功能型游戏的转型，充分利用游戏用户人数多、范围广的特点，借助游戏角色的代言、游戏皮肤与文化符号的融合，以及游戏情节所提供的线上与线下融合的契机，在非遗传承保护、文化遗产的申报、城市文旅路线的设计等方面，与多个城市进行了合作，创新了文化遗产传播与文旅融合。网络综艺《明星大侦探》通过多季节目的积累，探索综艺节目对文旅IP的孵化方式，通过线下实景沉浸式剧本杀场景的创设与运营，创新了综艺节目与文旅产业深度融合发展的新业态。抖音联合七个国家一级博物馆打造“文物戏精大会”，以短视频为载体，通过对AI（人工智能）技术的运用，发布“挑战”互动内容，一夜间刷爆朋友圈，创新了博物馆文物传播的方式。腾讯研究院与敦煌共同建设敦煌研究院，多维度多层次开发敦煌文化遗产，通过创新网络众筹方式，为敦煌文化遗产的数字化保护筹集资金。除此之外，网络文艺还通过对乡村生活方式的文旅打造，借助网红打卡和直播等方式，成为非遗传承、乡村扶贫、城市形象推广的重要平台。

从当代创意产业、数字文化发展的趋势来看，以网络文学、网络影视、网络游戏、短视频等为主要形态的网络文艺，已成为促进产业融合的主要方式，推动数字文化经济的发展和产业形态的构建。作为原创内容的核心，网络文艺以IP化运营、创意赋能、整合传播等方式，极大地带动数字文化多元形态的发展，推动城乡自然与人文资源的整合提质，带动相关制造业和服务业的转型升级。在社会经济与文化的整体发展中，网络文艺日益发挥着创意力、传播力与引领力的系统性创新的作用，不仅带来网络文艺自身内容形态的创新发展，而且建构相关产业融合发展的新形态新业态，成为经济转型的“引擎器”。网络文艺以其跨界融合的平台优势，成为推动公益发展、乡村振兴和产业扶贫的重要推力，推动产业融合与文化融合。

（三）“靠拢”：网络文艺的主流化发展

随着数字文化生活日益成为公众文化娱乐生活的主要构成部分，人们通过智能屏幕进行在线阅听与互动的习惯逐渐形成，网络文艺的受众也逐渐从既往以青少年为主体走向更广泛的社会大众。为适应受众结构的变化和国家对网络文化发展提出的新要求，网络文艺也逐渐从青年文艺向主流文艺转型。创作传播现实题材文艺作品，弘扬传承中华优秀传统文化，推进社会主流价值建构，已成为网络文艺发展的主导倾向。据国家广电总局数据显示，现实题材已经成为网络影视的主要类型，涌现出《沉默的真相》《摩天大楼》《毛驴上树》等一大批优秀的作品。以生活体验类真人秀为主体的网络综艺，也以扎根时代生活、关注现实生活为导向，多角度多层次探讨家庭、婚姻、情感、职场、心理、教育、公益等社会话题。

网络文艺以其媒介与产业融合的独特优势，与用户互动、粉丝营造的传播优势，以及基于数据、读懂用户的技术优势，成为推进主流价值观建设的重要力量。在创意、传播和科技的赋能下，网络文艺日益成为引领青年群体传承、传播中华优秀传统文化的潮流。网络文艺以其独特的表达方式，积极推动中华优秀传统文化的创造性转化与创新性发展，成为中华优秀文化实现当代价值与意义的连通器。网络小说《上品寒士》再现魏晋名士风度，彰显了中国古代士人的风采气节。网剧《琅琊榜》《长安十二时辰》等或通过营造礼仪、服饰和画面构图的审美风格，或重造盛世长安的历史画卷与文化气象，引发网友对古代文化的热情追捧。《我在故宫修文物》《上新了·故宫》等文博类节目积极谋求传统文化与当代生活价值观、创意文化、青年文化的融合，多维度挖掘文物的故事和价值，实现国宝精神与当代社会生活的融合。网络文艺贴合年轻受众的需求，借助网络传媒的互动性、大数据对用户行为的洞悉，以及高科技的沉浸效果，极大地表现了传统文化艺术的动人魅力，立体化沉浸式再现历史故事。网络文艺与中华优秀传统文化的融合创新，成为引领当下“国潮”文化消费时尚的重要助力。

三、强化网络文艺发展的人民性

随着互联网数字文化经济的发展，以网络文学、网络影视、网络游戏、数字音乐等为代表的网络文艺，日益成为中国人民群众日常精神娱乐生活的主要内容。尤其在媒介迭代与技术融合的趋势下，网络文艺已不止是一种新型的文艺形态，更是推动中国各种文艺类型融合发展与推陈出新的重要驱动力，为中国文艺的整体观念和实践形态带来了深刻的变革。正是在这一意义上，讨论网络文艺的人民性问题，就是在探讨网络数字文化时代中国文艺人民性问题所面临的新机遇、新挑战与新问题。

如果我们考虑到超过9亿的网民在技术赋权下文艺表达欲望的高涨，青年网络文艺不断地引领着当代流行文化的潮流，以及网络文艺在产业、资本和技术的推动下，对人民群众日常生活所带来的全方位覆盖和深度渗透，我们就不得不承认：一方面，在技术与媒介的推动下，网络文艺前所未有地激发了人民群众文艺参与的活力，成为中国社会主义文艺繁荣发展和社会主义青年文化建设的主导阵地；但另一方面，网络文艺仍面临着资本技术功利发展所带来的创作生产、传播分发和意义消费的一系列问题，导致文艺人民性面临着风险与挑战。这正是我们讨论网络人民性问题的迫切性所在。

（一）网络文艺丰富社会主义文艺人民性的内涵

“社会主义文艺，从本质上讲，就是人民的文艺。”[①]这是习近平总

① 习近平：《在文艺工作座谈会上的讲话》，人民出版社，2015，第13页。

书记对马克思主义文艺观的重要发展。社会主义文艺的人民性，决定着我们必须坚持“以人民为中心”的创作导向，“要把满足人民精神文化需求作为文艺和文艺工作的出发点和落脚点，把人民作为文艺表现的主体，把人民作为文艺审美的鉴赏家和评判者，把为人民服务作为文艺工作者的天职”①。

在网络数字文化时代，随着互联网的大规模普及、文艺创作门槛的降低，网络文艺吸引了巨量的用户参与，人民群众参与度日益提升。文化参与主体也从一、二线城市向三、四城市及农村扩展，从精英群体向低学历阶层延伸，互联网文化成为真正涵盖各地域、年龄和职业的社会主义大众文化。在技术的推动下，原本潜藏的各阶层文化底色与娱乐诉求凸显出来，多层次的文化需求塑造了多样化的网络内容样式和社群组织。在媒介、技术与产业的推动下，网络文艺的参与主体、表现主体与服务主体的人民性获得了新的发展，文艺与人民的关系在互联网文化的推动下获得了丰富性。

首先，在技术赋权之下，人民文艺表达的权利得到进一步的实现，人民作为文艺创作的主体地位在网络文艺中获得了现实性。人民群众是文艺创作生产的源头活水，在人类漫长的历史中，人民群众也以各种各样的方式，参与艺术的创造与发展。但在互联网时代来临以前，人民作为文艺创作主体的地位的真正实现仍然受大众文化水平、创作能力和参与条件等制约。互联网技术，尤其是移动互联网的大规模普及，为人民群众参与艺术的创作生产提供了技术的便捷，降低了人民群众发表、分享个人艺术作品的门槛，极大地激发了人民群众文艺参与和表达的欲望。在技术赋权的同时，人民群众文艺参与权和文化参与权得到更充分的实现。从文艺源自人民的角度来看，文艺的人民性获得了技术所赋予的现实性。

其次，伴随人民群众文艺参与热情而来的，是广阔丰富的社会生活实践在网络文艺中获得了表现的空间，作为“历史的剧中人”和“历史的

---

① 习近平：《在文艺工作座谈会上的讲话》，人民出版社，2015，第13-14页。

见证人”的人民群众，在网络媒介的推动下，其文艺表现主体的地位获得更充分的保障。“文艺要服务人民，就必须积极反映人民生活。今天，在我国960多万平方公里的大地上正上演着波澜壮阔的活剧，国家蓬勃发展，家庭酸甜苦辣，百姓欢乐忧伤，构成了气象万千的生活景象，充满着感人肺腑的故事，洋溢着激昂跳动的乐章，展现出色彩斑斓的画面。”①除了网络文学所激发的文学热忱，短视频的图像记录方式更深受普通群众喜爱，他们立足草根的日常生活，展现底层社会不为人知的艰辛、奋斗与尊严，或模仿流行影视的桥段，以充满江湖色彩的英雄演绎，表达底层青年眼中的正义；或戏仿都市男女日常心态，通过喜剧式表演获取共鸣；或表达对理想生活的憧憬与努力，记录追寻梦想的艰辛历程。人民群众气象万千、感人肺腑、色彩斑斓的生活图景，远远超出文艺工作者所能关注的视野，正是得益于互联网技术和数字文化应用的便捷条件，广大网民用文字、图像、视频、声音和身体，记录生活、表达理想、交流情意、审美愉悦。“文艺创作方法有一百条、一千条，但最根本、最关键、最牢靠的办法是扎根人民、扎根生活。”②网络文艺深受欢迎并非偶然，而是借助技术和网络的优势，让文艺的触角触及人民生活的各个方面，展现了“微文艺”背后的“大中国”。

再次，网络文艺还凭借其丰富的平台功能和互动技术，增强和创新文艺服务人民的功能，让人民作为审美鉴赏主体的地位获得了真正的实现。一方面，随着网络文艺的平台化发展，网络文艺不仅让广大人民群众获得来自艺术作品的精神愉悦和娱乐趣味，而且搭建了文艺与生活更为全面、丰富的联系的桥梁，让文艺以审美感性的愉悦形式，承担着非遗传承活化、城市形象传播、公民审美教育、助力抗疫扶贫等重要使命，网络文

---

① 习近平：《在中国文联十大、中国作协九大开幕式上的讲话》，人民出版社，2016，第11页。

② 习近平：《在文艺工作座谈会上的讲话》，人民出版社，2015，第19页。

艺平台在社会主义文化建设中的功能日益突出。另一方面，在“弹幕”等即时互动技术的推动下，人民作为文艺审美鉴赏的主体的作用进一步凸显。人民群众借助“弹幕”即时互动观看视频和小说，或点评人物、讨论剧情，或普及知识、分享情感……“弹幕”等互动技术即时地反映了网民对文艺作品的审美反应，网民深入细节的犀利评论成为最直观的阴晴表，直接呈现了文艺作品服务人民的效应。文艺内容是否表现了人民的真实生活、服务了人民的精神需求，弹幕技术能够直观地帮助创作者观察文艺服务人民的效应。“马克思说：‘人民历来就是作家“够资格”和“不够资格”的唯一判断者。’以为人民不懂得文艺，以为大众是‘下里巴人’，以为面向群众创作不上档次，这些观念都是不正确的。”[①]尽管网民的弹幕评论存在情绪化、不专业的问题，甚至可能有低俗、恶俗的内容，但从总体上，弹幕所呈现出来的网民对文艺作品丰富的解读空间和集体智慧，往往在文艺创作者和专业评论家的意料之外，展现了人民群众作为审美鉴赏者和评判者所具有的能动性和创造性。

（二）增强网络文艺人民性：挑战与方式

网络文艺在极大地激发人民群众的文艺参与性的同时，网络文化空间所具有的弊端、网络文艺与产业资本的深刻联系，以及技术商业化应用中存在的问题，都在一定程度上制约和影响了网络文艺人民性的实现。从总体上，网络文艺的人民性，遭遇三个方面的挑战：

第一，过度商业化的运营模式导致网络文艺内容生态的失衡，文艺表现人民群众生活实践的内容丰富性受到损害。网络文艺是我国数字文化产业的核心构成，商业化运营是推动数字文化产业发展的必然途径，但问题在于资本的急功近利所带来的过度商业化，导致网络文艺内容创作生产

① 习近平：《在中国文联十大、中国作协九大开幕式上的讲话》，人民出版社，2016，第10-11页。

的不断窄化。那些不适合进行跨媒介IP运营、不适合进行游戏与影视改编的内容，往往并不为网络文艺平台所鼓励，甚至被抑制了发展，最典型的例子就是网络文学在近十年的产业化发展中所显示出来的内容类型的单一化倾向。数字文化产业为实现对内容的跨媒介运营，充分利用优质内容的粉丝效应，最大程度获得经济效益，这本无可厚非，问题就在于一旦网络文艺的创作生产与资本进行深度捆绑后，本身就处于产业场域中的网络文艺，就会在资本和技术的共同导引下过度发展某些类型，不仅过度消耗仍处于积累期和成长期的文艺类型在自然发展下所可能展开的丰富性和可能性，其他那些不能实现商业变现的文艺内容，也会被排挤在受众阅听范围之外。这就从根本上损害了文艺内容生态的平衡。事实上，每种文艺的类型都是一种特定的观察和表达现实的复杂的审美体系，表现着特定的现实内容，有着特定的消费受众。内容生态的失衡，不仅导致人民群众多姿多彩的现实生活在艺术表达中的缺位，更导致内容产品无法真正满足人民群众精神需求的多样性。

第二，网络空间固有的一些文化形态，或制约了网络文艺发展的空间，或带来文艺价值观的问题，文艺鼓舞人民的精神旗帜的作用受到削弱。习近平总书记在中国文联十大、中国作协九大开幕式上的讲话说："伟大的作品一定是对个体、民族、国家命运最深刻把握的作品。"这样的作品需要有较为广阔的文化视野和思想厚度，需要在一个有机的艺术整体性中获得表达。网络文艺天然具有个体性、草根性和碎片化的文化特质，其文化内容倾向于表现微观个体的微观生活，因其贴近人民群众的微观感受而具有极强的感染力，但其碎片化的特质和过于囿于日常感性，使其存在着对历史和社会的整体性观照的缺失，一定程度上制约了其对历史观与文化观的完整性和深刻性的把握，甚至由于过度情绪化和娱乐化的诉求，导致其价值观的支离破碎，更甚者对社会主义核心价值观产生消解。另外，技术文化的"后喻文化"特点，使其更亲近年轻世代，而青少年追求个性、炫酷的文化姿态，在一定程度上使网络青年文化具有较为鲜明的亚文化色彩。青年亚文化是青年文化发展中的一个正常现象，网络青年亚文化的问题在于产业资本和传播媒介的聚焦，助长了非理性的圈层粉丝文化问题。此外，在网络技术的便捷与商业变现的推动下，有些个人为了赢得网络关注，不惜以各种低俗出位的内容博得眼球，不利于风清气正的网络文化空间的形成与发展。文艺是精神的旗帜，是引领人民前进的力量，网络文艺的精神深度的缺失与价值观的偏颇，将极大地影响文艺精神旗帜作用的发挥。

第三，网络文艺的圈层化所带来的审美代沟、内容分发的技术机制所带来的信息茧房问题等后果，在一定程度上导致文化的割裂，对社会主义文艺的精神凝聚力带来不利的影响。“我国作家艺术家应该成为时代风气的先觉者、先行者、先倡者，通过更多有筋骨、有道德、有温度的文艺作品，书写和记录人民的伟大实践、时代的进步要求，彰显信仰之美、崇高之美，弘扬中国精神、凝聚中国力量，鼓舞全国各族人民朝气蓬勃迈向未来。”[①]以兴趣为基点所建立的网络社区，是网络文艺文化形态的重要特征，并形成“圈层自萌”的文化形象。这种圈层化往往通过对特定的流行文化资源的挪用与创造建立起次元文化壁的方式来实现，其不仅在不同世代之间带来审美代沟，也在城乡青年与不同社会基层之间建立起同代人的文化分化。与此同时，以智能算法和用户数据为基础建立起来的内容分发推荐机制，不断地迎合和满足用户对某种类型内容的需求，导致其用户对某种类型内容的过度关注而屏蔽对其他内容的触及，带来自我封闭的信息茧房……这种种后果，无形之中带来当代文化的割裂，影响了跨越代际与阶层的审美共同体的建立，导致审美作为“和”的力量无法发挥其对全社会精神凝聚力的作用。

因此，从网络文艺作为网络数字文化时代中国社会主义文艺繁荣发展和社会主义青年文化建设的主导阵地的重要意义上，我们需要进一步激发

---

① 习近平：《在文艺工作座谈会上的讲话》，人民出版社，2015，第6页。

网络文艺在丰富文艺人民性方面的优势，克服其对文艺人民性所带来的挑战，增强网络文艺的人民性。

一方面，深入贯彻“以人民为中心的创作导向”，加强内容创作生产引导，推动多层次网络文艺内容和产品体系的建立，构建健康的网络文艺内容生态。要充分发挥网络文艺激活人民群众参与积极性及其对多姿多彩的生活图景的表达与呈现的优势，一方面加强对网络文艺商业化运营模式的政策引导和评论介入，深入阐释文艺人民性的价值内涵，要求网络文艺生产主体深入贯彻“以人民为中心的创作导向”，鼓励网络文艺类型的多样化，构建满足不同受众需求的网络文艺产品体系；另一方面，推动专业创作与网民创作的互动促进。“走入生活、贴近人民，是艺术创作的基本态度；以高于生活的标准来提炼生活，是艺术创作的基本能力。”①专业创作者要向人民群众学习，从网民自发的创作中寻找灵感和方向，扩大网络文艺表达内容的广度。网民善于发现生活中的精彩、表达生活中的趣事，但是缺乏专业的文艺视野和能力，如何以高于生活的标准来提炼生活，是专业文艺工作者的可为之处。因此，网络平台和文联机构要帮助人民群众提高审美表达的能力，提升网络文艺对人民生活的表达深度。

另一方面，推动网络文艺及其平台承担公共文化建设的责任，建设风清气正的网络文艺空间，发挥价值引导与审美认同的力量，构建审美文化共同体。网络文艺作为连接文化与生活、经济、社会的重要形式，既能以细微的日常生活传递城市丰富层面，构建城市文化软实力与文化认同，又能使高雅的、小众的、失落的、古老的文化适合今天人们接收的媒介和技术方式而进入大众的视野，激活传统文化记忆，建构民族文化认同。从这一意义上，应在保障网络文艺合法的经济行为的情况下，更大程度发挥网络文艺平台作为当代社会生活重要运作机制的功能：既要加强对网络文艺

① 习近平：《在中国文联十大、中国作协九大开幕式上的讲话》，人民出版社，2016，第12页。

空间的正面的价值引导，提升网络文艺创作的价值内涵，营造风清气正的网络文艺空间；又要使网络文艺平台承担公共文化建设的责任，从而在文化分化的年代构建公共文化空间，推动网络文艺平台成为更大层面上的文化认同与社会公共文化建构的力量，推动不同社会主体在网络文化空间的互动中开展对话，充分发挥网络文艺审美共同体和文化共同体的作用。

第一章　从媒介融合到文化融合：网络文艺的发展趋向

一、网络文艺的媒介融合及其问题

随着数字化技术的发展，“媒介融合”成为20世纪末以来全球媒介实践与学术研究的热点词汇。“媒介融合”作为一个学术概念，正是在1996年美国通过电信法修正案，解除电信业、传媒产业和其他产业之间相互渗透、融合的禁锢和壁垒之后，不同媒介集团兼并重组的背景下出现的。随着数字化、互联网、算法技术等的广泛应用，及其推动的新闻媒介和娱乐产业的不同媒体互动与融合的迅速发展，这一概念变得极富实践内涵和学术意义①。从总体上看，“媒介融合”的含义极为复杂丰富，主要包括媒介科技融合、媒介所有权合并、媒介战术性联合、媒介组织结构性融合、

① 该概念最早于1983年由美国麻省理工学院的普尔（Pool）提出，他认为：“媒介融合”就是“各种媒介呈现出一体化多功能的发展趋势。从本质上讲，融合是不同技术的结合，是两种或更多种技术融合后形成的某种新传播技术，由融合产生的新传播技术和新媒介的功能大于原先各部分的总和”。这一概念代表从技术层面上对媒介融合的主导性的理解。但该概念真正产生较大的影响是在20世纪90年代后期，尤其是1996年之后相关研究话题得以快速增长，相关统计的关键词集中在“融合”“媒体”“网络”“电视”“媒体融合”“社交媒体”“新闻业”“体制”。（石磊、李慧敏：《国外媒介融合研究知识图谱——基于文献计量学方法的分析》，《西南民族大学学报》（人文社会科学版）2019年第11期。）

新闻采访技能融合和新闻叙事形式融合等六个方面[①]。

“媒介融合”的概念在2006年前后被引入国内，与彼时国内互联网开始兴起、报纸新闻行业面临转型的语境息息相关。正是这一语境的差异，国内围绕媒介融合的实践与讨论，更多针对的是互联网和数字技术推动的新媒介对传统媒介（包括出版印刷和传统影视）所带来的冲击与危机下的求新求变，其核心关切的是传统媒介“数字化生存”的问题：在数字技术主导的情势下，传统媒体如何融入新媒体，与之互动、融合与共存，这既涉及商业模式的转型，又涉及数字网络时代新闻舆论的影响力。因此，“媒介融合”在国内的实践，带有极强的政策推动和产业转型的色彩。官方对此的表述，常用“全媒体”“融媒体”的说法，但不管表述的差异如何，都体现出新旧媒体在权势秩序转移之际，旧媒体向新媒体融入的“以技术为中心的单一融合”[②]的特征。

作为网络数字时代的产物，网络文艺的发展遵循以技术为中心的融合逻辑。一方面，网络文艺作为数字文化产业的最重要构成部分，在新旧媒介融合的过程中谋划布局产业发展空间，力图拓展受众增量，打破平台限制，走向更为广阔的文化消费主体。在这一过程中，从腾讯“泛娱乐”开始，围绕着网络文艺的跨媒介IP运营商业模式的搭建，强化网络文艺的全媒体整合，就成为网络文艺自身发展的资本和技术逻辑。但另一方面，作为新媒介技术推动下的新的文艺形态，网络文艺因其媒介技术的“先进性”而更为靠近年轻世代的审美文化需求，成为以青年亚文化为主体的新媒介文化产生的重要场域，推动流行文化的媒介转型，构成传统媒介的文艺形式所着力“迎合”与“融入”的模仿对象。业界和学界关于“网感”

---

① 美国学者李奇·高登（Rich Gordon）对不同传播语境下媒介融合所表达的含义作了6种分类，引自宋昭勋：《新闻传播学中Convergence一词溯源及内涵》，《现代传播》2006年第1期。

② 周传虎、倪万：《技术偏向：当前我国媒介融合的困境及其原因》，《编辑之友》2020年第1期。

的热烈讨论，正是围绕“融入”问题讨论不得不进行的前提。也就是说，文艺领域事实上正发生着新旧媒介的融合变迁，网络文艺因其与年轻世代受众的亲和性，而代表着融合的方向。由此可以发现，网络文艺的媒介融合，事实上是双向运行的，既是旧媒介文艺向新媒介的融合，又是新媒介向旧媒介的整合与拓展。然而，在这一过程中，新旧媒介的融合潜在地出现了两方面问题：

其一，新旧媒介文化经验的融合“貌合神离”。一方面，传统媒介尽管不断进入新媒体平台抢占舆论阵地，努力地吸纳和应用网络文艺所表征的新的审美风格、叙事体式和修辞表达，以期更好地承载主流价值的表达，然而，传统媒介只是将网络文艺视为主流文艺媒介转型的“形式”与“载体”，而没有真正去融合新媒介所带来的文化经验，这就导致传统媒介的文艺引领力不断下降。其微妙的表征，就是春晚从热词的创造者转变为网络热词的征用者。另一方面，网络文艺因其青年亚文化性质与主流文化之间存在一定程度上的龃龉，被主流文化不断规范和收编。这推动了网络文艺的精品化发展，但也导致网络文艺所表征的某些具有积极意义的新的情感结构与文化经验被抑制，使网络文艺的想象力和创造力优势缺乏进一步发展的空间，而这毫无疑问将加深不同世代文化经验的断裂，终将导致主流文化经验错过自我发展更新的契机。诚如蒋述卓所指出的：“主流文艺是大河，流动是缓慢的，非主流的文艺是小溪，快而急，充满活力，它汇入到主流之中则可推动主流的发展。”[①]只有充分理解网络文艺所代表的新文化经验，并在情感结构与文化经验层面进行融合，才能避免文化分化断裂的后果。

其二，新文化主体崛起所带来的审美文化代沟[②]。受众的崛起及其多

① 蒋述卓：《流行文艺与主流价值观关系初议》，《文学评论》2013年第6期。
② 周传虎、倪万：《技术偏向：当前我国媒介融合的困境及其原因》，《编辑之友》2020年第1期。

元文化经验的产生与冲突，是媒介融合时代的重要现象。从2000年前后网络文学的异军突起，到微博、微信公众号的图文生产，再到抖音、快手等短视频的崛起，随着移动互联网技术的发展成熟所带来的技术下沉、应用便捷、流量充足和资费降低等，多元文化主体也在崛起。不同阶层、地域、职业、年龄的个体因为技术所赋予的可能条件，参与到当下中国文化的生产之中，差异化的社会主体的文化表达欲望获得空前的释放。原来由精英和专业的文化阶层所主导的文化生产格局，因更广泛和异质的社会阶层的介入和参与，呈现出多元与驳杂的文化面貌。美国著名传播学者詹金斯将其称为“参与式文化”①的崛起。

然而，在这一过程中，多元文化主体的文化表达欲望及其与商业、资本、技术的复杂关系，也导致文化的断裂、分化与审美代沟的现象与问题日益突出：一方面，2017年前后以快手短视频所呈现的“残酷乡村”图景在媒介图像视域中的出现、抖音与快手之间在当时文化特质上的城乡差异，以及由“喊麦”“社会摇”所表征的精神现实，凸显了中国精神世界内在的巨大差异。经由自媒体的自发参与、资本推动的视觉消费，以及“哗众取宠”的表述策略，将原本处于媒介之外的、社会底层的精神图景以猎奇的方式显形并放大到视听媒介的表征场域。另一方面，从早年粉丝与文化学者围绕《小时代》系列电影的争论，到2018年《开学第一课》的“娘炮”事件中家长与学生截然对立的态度，尤其是2019年周杰伦与蔡徐坤粉丝之间的“超话”事件，日益显示出网络时代快速的文化迭代及其背后的文化审美代沟。“后喻文化”“数字鸿沟”的背后，更是不同代际在媒介建构的差异语境下形塑的情感结构的差异。

随着数字科技媒介的发展，数字化推动了传统媒介与新兴媒介的技术融合与内容融合，实现了内容生产、信息传播与内容消费的融媒趋势。但

① [美]亨利·詹金斯：《融合文化：新媒体和旧媒体的冲突地带》，杜永明译，商务印书馆，2012，第31页。

在媒介融合的过程中，文化的横向断裂与纵向断层也因技术媒介的发展而成为愈来愈严重的社会文化现象。诚如马中红所指出的：“代际冲突不是一个新鲜话题，两代人之间的代沟差异也不是今天才有的情况，但两代人之间不再冲突，或者不再面对面冲突，不再试图通过沟通交流去解决冲突和增加理解，才是今天两代人遇到的最大问题。”“同为青少年，当一、二线城市青少年在阅读《哈利·波特》，在写作耽美同人文时，小镇和乡村青年在网络直播间和短视频平台以‘喊麦’的方式玩‘音乐’，以‘社会摇’的方式玩‘跳舞’，城市青少年用居高临下的讶异目光围观，不无嘲讽地称他们为‘土嗨’，此时，不在‘同一位置’的同代人之间如何交流和对话？”[①]这正是我们今天所面临的文化分化状况。

把媒介融合的议题置于这一状况中讨论，就可以发现，技术路径依赖的媒介融合并不必然完成文化融合，而可能在产业层面上，因为资本的盈利欲望、媒介奇观的制造、算法技术所构造的信息茧房和不同圈层市场的挖掘、平台内容数据的竞争等，最终加剧文化分化的状况。这就意味着，如果不能推动以网络文艺为主导的新文艺形态的文化经验与主流社会经验之间的真正融合，不能推动以网络文艺为主导的新的技术平台对于公共文化的建构以及共同体空间的打造，媒介融合终将带来社会的文化断裂乃至撕裂。这正是媒介融合在当下需要从技术性融合走向文化性融合的原因所在。

二、网络文艺的新媒介文化经验

十九届四中全会对网络治理提出了新的要求。这也可看作是从文化治理的角度，对网络文艺的文化融合从创作生产到传播体系所提出的要求。这一要求的实现，首先需要推动以网络文艺为主导的新文艺文化体验与主

① 马中红：《青年亚文化视角下的审美裂变和文化断层》，《广州大学学报（社会科学版）》2019年第3期。

流社会的文化经验之间的融合。以社会主义核心价值观引领网络文艺建设，需要将社会主义核心价值观所承载的国家主流文化经验、社会主流大众的文化经验与网络文艺的分层分众所代表的新的文化经验进行真正的融合，才能使多元差异的网络文艺真正具备共同的精神根基。如前所述，以技术为导向的媒介融合并不必然保障共同文化的形成。技术只是保障，以内容建设为根本，在内容建设中真正推进差异多元文化经验的融合，建设以核心价值观为引领的共同文化，才是创新全媒体传播体系、实现网络文艺的精神引领的关键。

事实上，数字时代的文化断裂与审美代沟，本质上是不同媒介文化经验所造成的断裂。无论是同代人之间的文化断裂还是隔代人之间的文化代沟，从总体上可以说是“数字原住民”与“数字移民”的差异，两者的文化经验在本质上是不同的。这就意味着，无论是创作生产还是学术探讨，对我们时代文化分化的弥合，需要建立在充分理解网络文艺所代表的新的媒介文化经验的基础之上。

总体上看，以网络文学、动漫、游戏等所代表的新媒介经验至少包括三个层面：

第一，网络文艺体现了网络青年亚文化的特质，有效的文化融合需要以文化破壁为前提，实现彼此的对话与沟通。网络青年亚文化既有青年亚文化的叛逆性，也受到时代与技术的共同影响。这就使其天然具有开放、互动、草根的互联网精神特质，其亚文化脉络也往往植根于网络文化自身的发展之中。如抖音上的“多余与毛毛姐”系列爆款的土味短视频，短视频博主多余男扮女装，以一顶劣质的染色长假发、一身假牌服装，在一面衣柜前，以极为粗糙的道具，极尽夸张的表演模拟了小镇女青年恋爱、约会、聚餐等日常生活，把小镇女青年的心理惟妙惟肖地传达出来。系列视频引发了广泛的传播和评论，其中“女友本尊”“太像了”等评语几乎占据了大部分的评论。可以说，“毛毛姐”的成功，正是网络亚文化对生活真实的追求，与从豆瓣文青文化到污文化的网络亚文化的发展遵循了同一脉络[①]。2018年，中国社科院与B站联合发布B站十大年度热词，排在首位就是“真实”，这些正充分“呈现了当代年轻人对于虚假、矫情的反叛，贯穿着追求真实的网络文化发展的内在驱力”[②]。因此，日和动漫[③]、丧文化[④]和佛系文化[⑤]等，在主流社会看来并不是积极的文化因素，却在年轻人中大为流行。如果简单地进行价值评判，或者单纯立足于主流价值的视野来讨论网络青年亚文化的负面性，显然就是错位的，根本无法实现对话。这也就难怪，当成人社会与主流媒体忧心忡忡地对《开学第一课》中的“娘炮”事件进行批判，忧心“少年娘则国娘”的时候，年轻的“饭圈”却完全不予理睬。因此，有效的文化融合需要去做“破壁”的工作，推动差异文化的理解，建立有效的对话与交流。

网络文艺书写了数字时代新的存在体验，文化融合应充分理解这种体验，并以之扩展现实性的理论与内涵。如果说，好莱坞电影《头号玩家》提供了关于未来社会新现实的想象，那么中国网络小说则以一种更为隐蔽的方式建构了内在于叙事修辞中的新的现实经验。一方面，网络小说深刻地体现了网生代的数字原住民的存在体验。正是互联网文化所带来的连线问答、即时互动、界面世界、存档重置等数字媒介生存经验，产生了“随身老爷爷”、穿越、重生等网络类型小说的想象和幻想模式，而网络游戏的相关经验，也日益渗透到年轻网络小说创作者的情节构建、人物设置和

---

① 郑焕钊：《反思网络综艺内容生产的三个维度》，《中国文艺评论》2017年第8期。

② 郑焕钊：《反思网络综艺内容生产的三个维度》，《中国文艺评论》2017年第8期。

③ “日和动漫”来自日本《月刊少年JUMP》上连载的人气作品《搞笑漫画日和》，该漫画以吐槽恶搞的风格获得漫迷的喜爱。

④ “丧文化”是互联网中流行的一种青年亚文化，以带有颓废、绝望、悲观等情绪和色彩的语言、文字和图像来表达年轻人群的社会心态和心理，其本质上是年轻一代在工作学习重压下的一种戏谑式宣泄，其最典型的代表是“葛优躺”。

⑤ “佛系文化”是一种互联网文化现象，最早来自2014年日本某杂志上出现的“佛系男子”，2017年经网络传播，“佛系青年”一词火遍朋友圈。“佛系”指一种无欲无求、不悲不喜，追求内心平和、淡然的活法和生活方式，因此，“佛系生活”“佛系人生”等词也随之涌现。有些主流媒体评论认为青少年应该奋斗，不应该“佛系”，因此认为该词是负面的。

冲关模式的设计之中[①]。网络小说看似“装神弄鬼”的背后，是网生世代的虚拟现实的文化经验。另一方面，中国网络小说是网生世代纾解现实压力的文学想象。说到网络小说的生产与消费，产业界屡屡提及马斯洛“人的需求层次理论”，认为网络小说是对最基本生存压力的释放。为逃避现实挫折、自卑、孤独等心理压力，网络小说极大地放大了造梦的娱乐和宣泄功能，形成“YY无罪，做梦有理”的意淫模式和弱肉强食、打怪升级的通关模式，从而将自身作为通俗的、快乐的文学，这就构成网络文学以欲望满足为核心的叙事模式，并以之隐秘地映射着年轻世代的现实处境及其心理焦虑。以网络小说为代表的新的审美体验，是年轻网生世代的文化经验、存在体验和压力释放的文学想象。它既不是西方学界所讨论的媒介先锋性和可能性的新型实验文学，也不是中国学者所讨论的传统通俗文学的延续，而是网络时代青年文化的文学表达，体现了当代青年文化的时代特征和总体形态。因此，我们可以说，网络文化在很大程度上是对数字时代的文化体验的表达。中国网络文艺作为“新”的文艺形态，与西方网络文学以媒介实验为基础的新质不同，它的“新”在于其呈现了数字时代存在的新现实，尽管这种新现实未必如同科幻文学及影视那么明显地作为主题来表达，而是以一种数字虚拟体验为基础的想象力来进行叙事。这就意味着，需要对网络文学进行阿尔都塞意义上的症候式阅读，而并非简单、直接、粗暴的现实对应，轻易地给网络文学套上历史虚无主义的帽子。毫无疑问，对网络文学创作的引导，力图使其脱“虚”入“实”，是主流文化建设之必然。然而，在面对网络文艺的现实性问题上，由于学术界、评论界对网络文艺与数字时代的存在体验及其心理现实的新现实、新感性缺乏深入的理解和阐释，这就导致对以网络小说、网络游戏等网络文艺的新现实的理解的缺位，网络文艺的评价体系的建设严重滞后于网络文艺自身的

① 黎杨全：《虚拟体验与文学想象——中国网络文学新论》，《中国社会科学》2018年第1期。

发展。从文化融合的视野来看，这种以某种固有的现实范式来规范网络文学创作的方式，只可能形成网络文学创作的一种支流，因为其并没有真正地在经验融合的层面上，去扩展现实性的内涵，去充分借助网络文学的叙事优势。事实上，中外理论界围绕“赛博格”“后人类”的讨论已经在科技现实与新生命、新主体等层面走在了前面。无论是理论层面还是实践层面，网络文艺的文化融合是不同现实经验和媒介经验的融合，亟须围绕网络文艺的现实性进行讨论，并以此指导实践。

以网络小说为核心的网络文艺呈现了年轻世代的全球流行文化经验以及由之建构的情感结构，有效的文化融合应以情感结构的对接为基础。网络小说作为数字文化产业的IP之源，不只是指它是网络文艺跨媒介叙事的故事资源，还因为网络小说奠基了今天青年世代文化的精神传统、情感结构和思维框架。从其精神传统而言，网络小说充分体现了网生世代通过互联网接触全球性的世界文化并进行融合的文化经验。以85后、90后和00后为主体的年轻的网络世代，他们的文化心态与文化资源与此前的文艺传统有很大的差异。他们处于中国社会不断发展上升的时期，以经济发展为中心的国内环境（去政治化）、后冷战之后全球交流中以欧美为尚的全球文化格局，以及经济全球化所推动的全球流行文化流通的背景，使年轻世代拥有较为平和的文化心态，他们成长的文化语境本身就是全球化的。日本二次元文化（包括漫画、动画和轻小说）、欧美幻想文学和好莱坞电影，以及以《西游记》《封神演义》等通俗小说和港台武侠小说改编的影视剧等共同塑造了其集体文化记忆。而作为独生子女一代的“原子化经验”，极强的自我意识，对友情、陪伴的渴望等，使其对于日本动漫中的“中二病”[①]

① “中二病”是一个源自日本的网络流行词，“中二”即初中二年级的意思，“中二病”指的是青春期少年特有的自以为是的思想、行动和价值观。随着这个词在网络上的广泛运用，“中二病”主要指那些自我意识过盛、狂妄，又觉得不被理解、自觉不幸的人。

“羁绊”，热血动画中的“燃”与友情等具有天然的亲和[①]。与此同时，在其迈入社会之后，强烈的理想与现实的落差也容易产生“后青春期”的情感结构，这些构成了网络小说《悟空传》等网络文艺的重要主题[②]。作为网络小说的创作者与阅读者，年轻网络世代与全球青年一体，共同分享着相似的文化经验。因此，以网络小说为核心的网络文艺内容体系，其本质正是这种全球文化经验的融合。这就意味着对传统文化的题材表述，它的转化形式可能已经融入了欧美的一些想象文学、魔幻文学等资源当中。以《哪吒之魔童降世》为代表的爆款动画，显示出中国古典传统文化创造性转化在网络时代所遵循的文化逻辑，这种文化逻辑无可避免地内蕴在以《悟空传》为代表的网络文艺对全球性流行文化与古典传统文化的中介性之中，其内在的主题、形象及其引发的争议，呈现出网络时代青年文化形象自我建构的特征，也显示出网络文艺在今天文化融合中重要的中介作用，不了解这一机制就难以理解和面对当下及未来中国文化融合的命题。

三、走向文化融合的发展路径

从媒介融合走向文化融合，需要推动网络文艺平台对公共文化的建构以及文化共同体空间的打造。这既是因为网络文艺平台在今天大众日程的文艺生产、传播与消费机制中占有绝对优势的地位，也是因为网络文艺在今天已经不单纯作为一种新的文艺类型而出现，而是在泛娱乐、泛文艺的数字文化领域成为连接政治、经济、社会的重要接口，凸显出其在文艺领域、文化领域与社会领域的突出作用。

从前者而言，在数字文化产业作为国家新兴战略性产业发展的背景

---

① 林品：《“二次元”“羁绊”与“有爱”》，《中国图书评论》2014年第10期。
② 白惠元：《西游：青春的羁绊——以今何在<悟空传>为例》，《中国文学批评》2015年第4期。

下，网络文艺平台因信息技术的便捷应用，成为文化生产最繁荣的土壤。从无门槛的网文写作到自媒体个性内容的生产，进而在短视频平台中视听内容的极大催生，形成了一个专业生产与草根生产相互竞争与协作的生产者联盟。网络文艺平台的分享与参与机制也极大地激发了受众传播分享的欲望，“饭圈文化”①与“趣缘社交”②进一步促进网络文艺消费体验的新形式的形成。所有这些，体现了网络文艺平台与大众日常文化之间的深层次关联。

而从后者来看，随着数字文化的跨媒介发展、文化创意产业的跨界发展以及虚拟数字社会的来临，网络文艺已经愈来愈超出精神审美的单一领域，而成为数字时代的意义表征、价值生产与社会创新的联结装置。在这一意义上，网络文艺自身成为一个平台，传统文学艺术的叙事方式、修辞语法与意境营造的方法，被策略性地运用于日常生活的多重场景之中，以实现文艺的、文化的、生活的、经济的、政治的功能。不同艺术类型、艺术与生活、艺术与社会、艺术与商业、艺术与政治等，在网络文艺平台中实现了多层次的连接。这既是技术发展推动下媒介融合与文化融合的必然趋势，因为对多种艺术、技术、内容的整合是网络文艺扩张发展的产业要求，也是平台寻找商业发展模式的必然选择。只有将消费主义生活方式内置于网络文艺的内容生产之中，才能为网络文艺平台的可持续发展提供物质基础。由此，网络文艺平台成为青年文化建设的“主阵地”，成为市场消费的主要争夺空间，体现了网络文艺平台与社会的整体性。鉴于网络文艺平台的重要地位，它在当代社会文化发展中也承担着愈来愈重要的责任。

首先，政府主管部门应对网络文艺平台发展进行政策规范和引导，

---

① “饭圈文化”是娱乐粉丝文化的别称，“饭”是fans的音译，“饭圈”指粉丝群体，也称“饭团”。“饭圈文化”是随着近年来粉丝群体扩大，偶像经济不断发展而催生出为偶像买周边(衍生产品)、租广告位做宣传、投票以及做慈善公益活动等多种方式的文化。

② “趣缘社交”主要指在网络时代，人们因为兴趣爱好相同而形成的社交。

使网络文艺平台积极发挥社会效益，构建不同主体文化经验融合的对话空间，创新差异文化融合的互动机制。近年来，国家相关部门对网络文学网站、网络视频网站、网络动漫游戏平台，以及短视频应用实施净网行动并出台清理规范，且在此基础上出台相关的规范管理文件，加强对网络文艺平台责任的立法等，这都是从文化治理的角度对网络文艺平台行为的规范，也是立足文化产业发展的价值引导举措。然而，目前相关法规政策仍主要是对网络文艺平台“合法”的规范，而如何引领网络文艺平台在“不违法”的底线之上，在通过算法推荐机制的技术性创新构建差异文化经验共享与互动的平台机制，尤其是推动不同圈层文化进行融合创新的文化机制等方面，仍须相关文化主管部门和信息管理部门产业政策的引导。

其次，应在保障网络文艺合法的经济行为的情况下，更大程度发挥网络文艺平台作为当代社会生活重要运作机制的功能，使其承担公共文化建设的责任，从而在文化分化的年代构建公共文化空间，推进共同体文化建设。随着媒介融合的深入推进，视频网站、文学网站，尤其是短视频应用为主体的网络文艺平台，已经愈来愈成为当下大众日常移动的公共文化装置，成为大众日常公共文化参与的共同空间。与此同时，国家公共文化服务体系顺应这一趋势不断推进数字化建设。在数字文化分化的语境下，发挥网络文艺平台在公共文化建设中的作用，不仅是要发挥网络文艺平台对受众日常生活、精神生活的多层次满足，更是要推动网络文艺构建不同文化主体共同参与的公共文化空间。令人欣喜的是，在政府引导、平台推动与用户参与的共同努力下，以抖音、快手为代表的短视频平台正在将网络文艺与城市形象传播、传统文化传承、非遗保护与扶贫工作结合起来，使网络媒介成为文化融合和社会融合的助推器。比如，在城市形象传播方面，2018年9月抖音发布的《短视频与城市形象研究白皮书》显示，截至2018年8月7日，有11座城市在抖音平台的相关视频数量达到百万级，其中排名前三的分别为北京、上海、重庆，其视频生产速度远超传统媒体，重庆、成都等城市的相关视频数量达到了200万个；短视频播放量上出现了大量以亿为单位计算的城市，尤其是排名第一的重庆市，相关视频播放量达到了113.6亿[①]。邓元兵、李慧关于重庆在抖音短视频平台上的城市形象塑造与传播的研究显示，在研究的热门视频中，个人账户、抖音达人、政府账号、媒体账号、明星账号均有涉及。其中个人账号与达人账号占比最高，分别为67%和26.5%，而在城市视觉识别系统方面，地方文化（30.5%）、地方饮食（16%）与城市景观（15.5%）的视频比重位列前三，要远远高于政府形象（4%）、历史景点（2.5%）、自然景观（1%）等官方宣传片中主导的内容。“在市民文化、饮食方面，以火锅、酸辣粉为代表的重庆美食出现次数较多，与重庆夏季的高温和夏日街头穿着火辣的女生共同呈现出重庆市民文化中的‘火热’视觉。”[②]由此可见，短视频以民间视角、市民生活、正面传播等更为丰富多元的视角，展现城市生活的各个层面，打破以往由传统媒介所建构的城市的单一形象，开启了区别于政府宣传片的微观叙事的方式，建构城市文化的“网红特色”。又如在文化传承方面，武汉大学媒体发展研究中心、字节跳动平台责任中心共同发布的《抖擞传统：短视频与传统文化研究报告》显示，截至2019年5月初，抖音平台上传统文化相关短视频超过6500万条，累计播放量超过164亿次，累计点赞数超过44亿次。传统文化已经成为抖音平台上的主流话题之一。播放量排名前五的传统文化门类为书画、手工艺、戏曲、武术和民乐。“我‘变脸’比翻书还快”“我要笑出‘国粹范’”“谁说国画不抖音”“皮一下很开心”“你会唱几个生僻字”“粉墨新声”“嗯～奇妙博物馆”“谁说京剧不抖音”“国乐show计划！”“中秋全民诗词大会”成为抖音十大传统文化话题，其中，“我‘变脸’比翻书还快”累计

---

① 抖音、头条指数、清华大学国家形象传播研究中心城市品牌研究室：《短视频与城市形象研究白皮书》，http://www.199it.com/archives/771662.html?from=singlemessage&isappinstalled=0，访问日期：2020年3月20日。

② 邓元兵、李慧：《CIS视角下抖音短视频平台的城市形象塑造与传播——以重庆市为例》，《浙江传媒学院学报》2019年第2期。

播放次数就达到57.2亿次。而在非遗传承方面，在目前的1372项国家级非遗项目中，快手上涉及的非遗项目多达989项，比例达72%。2018年快手上累计出现1164万条非遗视频，共250亿播放量和5亿点赞量[①]。短视频以其贴近大众日常精神生活的方式，成为推动文化传承与创新的重要载体。

总之，网络文艺作为连接文化与生活、经济、社会的重要形式，既能以细微的日常生活表现城市不同面貌，构建城市文化软实力与文化认同，又能使高雅的、小众的、失落的、古老的文化以当下人们适应的媒介和技术方式进入大众的视野，激活传统文化记忆，建构民族文化认同。在这一意义上，推动网络文艺平台成为更大层面上的文化认同与社会公共文化建构的力量，有利于推动不同社会主体在网络文化空间的互动中开展对话。而这正是网络文艺走向文化融合对平台功能所提出的新要求。

---

① 武汉大学媒体发展研究中心、字节跳动平台责任研究中心：《抖擞传统：短视频与传统文化研究报告》，http://www.199it.com/archives/875154.html，访问日期：2020年3月17日。

第二章　走向文化治理和全面规范的网络文艺

2017年，在中国网络文艺发展史上是关键的一年。这一年，随着相关政策和行业规范的出台，针对网络直播、网络综艺、网络平台的整改，使包括网络文学、网络视听、网络直播、网络游戏在内的整个网络文艺进入了规范化的文化治理新时代。从2014年网络文学开始的历时8个月的“净网行动”，2015年在网络动漫游戏方面关停10家动漫网站的整改行动，到2016年对《心理罪》《太子妃升职记》《无心法师》《盗墓笔记》等网络剧和《大风水师》《消灭大学生》《催乳大师》等60多部网络电影的整改下架等，全面结束网络文艺野蛮生长的十年。随着网络治理的观念深入人心、网络治理话语的形成以及网络治理体系的建立，网络文艺治理时代正式到来，这将对网络文艺的发展产生深刻的影响。毫无疑问，2017年是网络文艺从“野蛮生长”向“文化治理”转换的历史拐点，它的特征及其困境，将为我们理解治理时代的网络文艺的趋势与发展，提供重要的参照。

一、治理时代形成的三个标志

2017年，有三个方面的现象预示着野蛮生长时代的结束、治理时代的到来。

首先，围绕网络游戏《王者荣耀》掀起的网络文艺社会责任感的讨论，推动网络治理的观念深入人心。2017年7月3日，《人民日报》以标题为《是娱乐大众，还是“陷害”人生？》的文章批评腾讯的手游《王者荣耀》，这一批评导致腾讯股价跌落4%，市值蒸发千亿港元。紧接着，《人民日报》继续发文二批、三批《王者荣耀》，其他主流媒介也纷纷介入，如新华社以题为《没有责任血液的游戏注定走不远》的文章对其进行批评，从而引发社会对网络游戏社会责任感的广泛讨论。回顾这一过程，事实上很多讨论仍停留在较低层次，如大部分争论事实上仍然没有脱离以往批评大众文化（如言情小说、国产动画）的论调，仍然以李维斯主义的道德批判和精英主义作为批评的基础，缺乏学理性的依据。但这场讨论在当下却具有重要的意义：这是因为，网络游戏是中国当代网络文艺中产值最大、受众最广、影响最大的一种泛娱乐、泛文艺类型和中国网络文艺走出去的“先锋部队”。2017年，中国网络游戏客户端游戏用户数量约1.5亿，与2016年基本持平；移动游戏用户约4.6亿，同比增长9.0%；网页游戏用户约2.4亿，同比下降2.0%。中国游戏厂商出海热情高涨，2017年，自研网络游戏海外营业收入约为76.1亿美元，同比增长10.0%。《王者荣耀》作为一个拥有2亿注册用户、超8000万日活跃玩家的游戏，由它引发的争论，凸显了中国网络文艺在产业输出、文化原创、监管治理等方面的内在复杂性：“以网络游戏为代表的网络文艺的问题、意义和困境，其影响和辐射范围就绝不在网络文艺的自身范围，其将注定波及文化、经济、政治等更多领域，这对于我国的互联网治理乃至国家治理，都是前所未有的挑战。”[①]它让网络文艺的社会影响、受众层次的多元复杂、不同阶层的文化需求的现实，以及如何处理好产业与文化的关系等问题，第一次如此清晰地呈现在社会各阶层的面前。恰逢其时的关于网络文艺的社会责任感的讨论，不仅彰显了网络文艺领域社会效益问题的紧迫性，也彰显了社会各

① 孙佳山：《网络文艺在讲好中国故事中扮演重要角色》，《中国社会科学报》2017年12月1日第5版。

界文化治理的观念的自觉形成。

其次，网络文艺的学理思考不断加强和深入，治理话语成为网络文艺批评与研究中最重要的议题，形成了新的研究范式。2017年是网络文艺批评与研究中具有关键性的一年，相关研究突破网络文艺研究局限于孤立的文艺领域的问题，而从整体的文艺格局、社会格局和主流文化建构、软实力提升等关系中来讨论网络文艺的地位、功能和价值，从而形成以治理话语为主导的研究批评范式，治理话语成为各种学术会议、出版著作、专题文章的最重要的议题。媒介迭代之际的文艺格局和文艺生态的变化，成为学术界和批评界对网络文艺理解的前提。在此之前很长一段时间，网络文艺的研究更多停留在文艺学领域之内，着眼于叙事、审美、主题的研究。网络文学研究界在主流化议题上的回应走得最早①。早在2012年前后，邵燕君就提出"网络不再是年轻的'网络一代'自娱自乐的亚文化区域，而将成为国家'主流文艺'的'主阵地'"②的观点。庄庸从出版和国家青年文化建设的高度，一直致力于探索包括网络文学在内的网络文艺的治理问题，尤其在2016年，连续发表了包括《大力发展网络文艺的三大抓手》等多篇文章，并出版了《网络文学评论评价体系构建》一书，指出网络文艺已经成为"'讲述中国故事、传播中国声音、阐释中国特色'，树立当代中国良好形象、提升国家文化软实力的重要载体"，在此情况下，需要"构建中国话语体系，要以'中国话语'的构建运动为轴心，参与未来世

① 网络文学的主流化论述，邵燕君、马季等学者都是其中具有代表性的学者，但"主流化"的意指并不相同，邵燕君指承接中国古代文学传统（《网络时代："新文学"传统的断裂与"主流文学"的重建》，《文艺研究》2012年第4期）或媒介融合下网络文学对主流价值的承担（《网络文学：媒介融合背景下的"主流化"与"多样化"》，《文艺报》2016年11月18日），而马季则强调对现代文学现实主义传统的接续（《网络文学主流化及其前景》，载《网络文学研究》第一辑，山东人民出版社，2015，第192页）。

② 邵燕君：《网络时代："新文学"传统的断裂与"主流文学"的重建》，《文艺研究》2012年第4期。

界‘大理论’和‘元概念’的建设”[①]。这些都为2017年中国网络文艺治理话语的形成作了很好的学术准备。

2017年网络文艺治理话语的形成，首先与网络文艺产业的迅猛发展及其影响力息息相关，尤其是网络文学（2017年上半年中国网络文学海外传播热成为媒体关注的焦点）、网络游戏、网络影视[②]走出去步伐的加速，及其对于网络舆论的主导性，使其超越学术论述，成为文化话语、社会舆论、资本竞夺和国家监管的焦点。在此情况下，2017年5月，光明网与中国文艺评论中心主办“网络文艺发展与新型智库建设”研讨会，成立网络文艺智库专家委员会并公布首批委员名单。智库以网络文艺评论为手段，致力于培养良好的网络文艺生态，净化、美化网络文艺环境，推动网络文艺健康可持续发展。6月，中国文艺评论家协会与浙江省文联以“网络文艺的中国形象”为主题联合主办第三届中国青年文艺评论家“西湖论坛”，来自网络文艺研究一线的专家、教授及业内代表共同研判中国网络文艺的发展现状与问题，并发布了“中国青年网络文艺评论家‘西湖论坛’倡议书”，倡议书将网络文艺评论作为重塑中国文艺格局和精神生态的重要方式，产生了较为广泛的社会反响。8月，由国家新闻出版广电总局、北京市人民政府指导，中共北京市委宣传部、中国音像与数字出版协会、北京市新闻出版广电局（北京市版权局）、北京市互联网信息办公室、北京市文学艺术界联合会、北京经济技术开发区管理委员会主办的首届中国“网络文学+”大会在北京举办，会议以“网络正能量、文学新高峰”为题，以“构建网络文化发展生态圈”为目标。其次，党的十九大报告提出，要“加强互联网内容建设，建立网络综合治理体系，营造清朗的

① 庄庸、张瑞霞：《网络文艺是建立文化自信的好抓手》，《中国新闻出版广电报》2017年6月23日第4版。

② 2017年11月《白夜追凶》海外发行权被美国流媒体视频服务提供商Netflix（奈飞公司）买下，在全球190多个国家和地区播出，成为首部正式在全球大范围播出的国产网络剧。

网络空间”，网络文艺治理作为网络治理的核心要素成为构建网络治理体系、落实顶层制度的重要举措，正是这种制度性的诉求推动了学术性的呼应，并促进了网络文艺评论和研究范式的转型。十九大以后，主流媒体相继策划相关专题，讨论网络文艺治理问题。其中，《红旗文稿》组织专题笔谈“网络文艺：如何引导、怎样把握”，发表孙佳山的《从网络游戏到网络文艺》、高伟《网络视听文艺治理：从野蛮生长到规范引导》、乔焕江《让网络文学走向人民》三篇文章。2017年12月1日，《中国社会科学报》用了较大的一组版面专题讨论网络文艺治理问题，从网络文艺治理的立法、评论、对构建健康的网络生态的作用进行了多方位的分析①。胡一峰指出，“网络文艺多元治理格局，在定位上从属于网络空间治理大格局，也是现代国家治理体系建设的题中应有之义；从主体而言，包括有关政府部分、企业、社会组织和公民；从手段来说，涵盖党纪国法、公序良俗、行业公约等，也包括文艺评论”②。因而，网络文艺治理的话语转型，具有非常强烈的现实指向，不再局限于文艺学研究范式和产业化研究范式，而是将研究推向创意学、政治学、社会学、法学等领域，极大地增强了网络文艺与现实关联的维度，从根本上适应网络文艺作为文化、经济与政治诸领域交融争竞的场域的实际情形。

再次，随着政策规定与行业规范的相继出台，一个涵盖内容规范、平台规范和版权规范的多层次的监管体系基本形成，奠定了网络文艺治理体系的制度基础。从2016年下半年至2017年，网络文艺监管不断加强：一方

---

① 2017年12月1日《中国社会科学报》组织的这组专题包括胡一峰《网络文艺生态治理格局中的文艺评论》、丁旭东《文艺评论要以人民为中心》、高伟《网络文艺生态治理创新》、黄鸣奋《流通：网络文艺生态的智慧》、孙佳山《网络文艺讲好中国故事》、周志雄《商业机制下生长的中国网络小说》、王琳琳《完善网络文艺治理体系》、马立新《网络文艺研究的视野转换》、曹峰《网络管理，综合治理是关键》等文章。

② 胡一峰：《网络文艺生态治理格局中的文艺评论》，《中国社会科学报》2017年12月1日第4版。

面，从价值导向、版权清理和市场规范方面，广电总局、文化局、网信办等多个部门持续开展整改行动。在网络直播方面，国家网信办于2016年年底发布实施《互联网直播服务管理规定》。2017年4月，北京市网信办等相关部门约谈今日头条、火山直播、花椒直播，依法查处了上述网站涉嫌违规提供涉黄内容，责令限期整改。2017年6月，文化部关闭了12家直播平台，且处分了龙珠、YY等知名平台。在网络视听领域，2017年初因缺少“信息网络传播视听节目许可证”，AcFun弹幕视频网（后简称A站）、新浪微博、凤凰网等被禁止开展视听剧目服务。2017年7月，在年轻人中影响最大的A站和B站上的大量影视内容被下架整改。此外，在网络综艺方面，包括《吐槽大会》《姐姐好饿　第一季》《hello！女神》《举杯呵呵喝》等网络综艺遭遇整改下架。另一方面，网络文艺监管治理的政策体系不断完善。针对新技术、新媒介和新业态迅速发展所带来的新的网络形态不断创新的现实，以及由于网台相对宽松的监管所带来的监管漏洞和由此产生的各种“擦边球”现象，国家在网络视听、网络文学等领域出台新的监管政策，对传统监管政策进行升级，建立健全监管治理全覆盖的政策体系和制度环境，使网络文艺治理的政策、行业规范日趋健全。一个涵盖内容、平台和版权等方面，涉及事前、事中和事后诸环节，包括网络文艺诸多领域，由政府、行业、平台和企业构成监管主体的网络文艺治理体系初步形成，为构建现代网络文化治理体系奠定了良好的基础。

在2017年出台的政策规范中，最重要的是《国家新闻出版广电总局关于进一步加强网络视听节目创作播出管理的通知》（简称《通知》）、中国网络视听节目服务协会审议通过的《网络视听节目内容审核通则》（简称《通则》），以及国家新闻出版广电总局发布《网络文学出版服务单位社会效益评估试行办法》（简称《办法》）三个文件。其中，《通知》明确提出坚持网台“同一标准”“同一尺度”的标准，把好政治关、价值关、审美关，实行统筹管理。这就将从2014年以来，广电总局领导在不同场合提出的“同一标准”“同一尺度”的表述正式以文件的形式予以明确，形成制度。《通则》则是对2012年出台的《网络剧、微电影等网络视听节目内容审核通则》的修订完善，从内容、原则、导向、标准、处罚等方面全方位形成行业审核规范。在网络文学领域，《办法》将网络文学出版服务单位社会效益评估的方法具体化，将其分为出版质量、传播能力、内容创新、制度建设、社会和文化影响五项，并对出现严重政治差错、社会影响恶劣、推介导向有严重问题的作品以及违反政治纪律和规矩的情况，实行“一票否决”，明确评估结果的奖罚情形。从总体上看，2017年出台的文化治理政策规范凸显三个方面的特征：第一，将价值导向作为文化治理的首要原则。如《通知》以较大篇幅明确网络视听节目创作播出的导向要求，围绕社会主义核心价值观和文明健康的审美底线，对网络视听节目创作进行具体规定；《通则》新增“导向要求”，强调网络内容要弘扬社会主义核心价值观；《办法》围绕社会效益展开。第二，突出全方位多层次监管的具体范围和程序。如《通知》《通则》等不仅从原来的网络剧、微电影扩大为涵盖网络剧、网络电影、微电影、影视动画、纪录片、专业网络视听节目等类型，《通则》还增加“其他网络原创视听节目”选项，以适应新业态不断涌现的趋势。与此同时，从事前、事中、事后各环节，对政府、行业、平台的职责都予以明确。第三，监管标准和监管后果都给予清晰的规定。在《通则》中，为了有效应对网络综艺节目中谈话讨论类、脱口秀类节目这类最有影响的网络视听节目内容的实际需要，将网络语言纳入监管范围。此外，自主创新和版权治理等制度内容也成为治理政策关注的对象。

虽然目前网络文艺治理在上位法的立法、文化治理机构的更合理协调等方面仍需要进一步完善，但随着2017年相关政策和行业规范的出台、升级和完善，从价值导向、内容监管、制度建设和版权保护等层面对网络文学、网络视听、网络游戏、网络演艺、网络音乐在内的各领域进行全面治理监管的网络文艺政策体系和治理结构已经基本形成。网络文艺全面治理时代已经到来。

二、治理时代网络文艺的特征

首先，治理时代的到来，从根本上倒逼行业自身的规范和提升，政策规范倒逼内容自身的质量提升。

曾几何时，“网感”成为一个热门的话题。在野蛮生长期，由于监管的相对缺位，网络内容生产出现两种情形：其一是网络内容以对电视内容的“补充”的形式出现，网络文艺生产大多围绕着传统电视内容由于政策等原因所无法生产的内容来进行，在网络剧方面出现了大量神鬼妖怪、刑侦惊悚、耽美色情内容，而在综艺方面，污文化融入综艺广告、话语与表演的身体动作之中，产生了一时的网络眼球效应，从而以“题材红利”的方式产生了网络内容的“特殊形态”；其二是受到个别爆款的网生内容的影响，带动业界对所谓“网感”内容和形式的过度追求，导致内容生产的跟风和模仿。

近年来，随着监管的加强，网络文艺内容生产内在的自我规范不断加强。不触红线，成为网络文艺内容生产的关键事项。随着2017年网络综艺的自我整改，“去污”成为一种自觉的选择，以《姐姐好饿》为例，第一季由小S与嘉宾不断通过“饮食男女”式的“挑逗”“诱惑”构成内容，在整改之后，第二季已经极大减少类似内容。当然，在《姐姐好饿》内容改变的背后，也存在着因为市场反响不佳所带来的嘉宾与主持之间互动不足问题的调整。《奇葩说》等节目从第二季开始已经不断进行自我消音。在网络剧方面，像前几年靠打擦边球爆火的网络剧，如《太子妃升职记》《上瘾》等，基本已经没有再出现，网络剧更为注重内容的正能量、符合社会主义核心价值观的要求。随着《王者荣耀》遭遇媒体舆论的批评，网络游戏领域也开始改变自身的产业形象。在国家新闻出版广电总局业务主管部门针对市场上引起广泛热度的“大逃杀”类游戏表达了高度关注和明确态度的情况下，网易《终结者2：审判日》官方发表了名为“网易对大逃杀类游戏指导意见的执行”公告，表示将严格按照国家管理部门的指导意见，尽快对相关类型的游戏进行修改和调整，确保游戏作品传递的理念符合社会主义核心价值观，在游戏中倡导中华民族的传统文化与道德规范。经历严格监管的网络直播领域，也涌现出从野蛮生长到提质转型之后的新的发展生机。

其次，新的产业模式的形成推动内容精品化。

《2017中国网络视听发展研究报告》显示，网络视听内容已经“从粗放的数量增长变为追求精品的质量增长”。网络文艺产业模式的形成推动内容生产精品化时代的到来：付费模式和播放模式导致了网络剧内容生产的垂直化和精品化转型。2017年国内网络视频用户的付费比例继续增长，有超过四成的用户曾为视频付费，付费意识已经养成。并且相比去年，用户的付费能力也有较大提升，每月支出40元以上的付费会员从2016年的20.2%增加到了2017年的26.0%。“表面看，网剧、电视剧是以播出平台为区分的剧种，事实上，二者最本质的区别在于付费，网剧并非为互联网而生，它是为付费而生。”[①]网络剧与电视剧最根本的差异就在于付费模式，付费模式使内容直接为观众服务，改变了以往以收视率和广告的关联式效应及其所带来的内容注水、追求数量的问题，促进了网络剧的质量升级。长期以来，电视台购买电视剧都是以集数的多少作为购买的标准，两者的商业交易模式相对单一，电视台并不与内容制作方分享广告等收益，对制片方而言，生产一部60集的电视剧的成本并没有比30集的剧目成本多很多，但因为电视台购剧主要按照剧集数量付费，这就导致制片方因为利润和收益的需要而不断通过注水加长剧集数量的问题。“一剧两星”对于打破某部电视剧的霸屏，推动电视剧类型的多样化有一定程度的效应，但是随之而来的问题是，大量的二线三线卫视并没有实力购买有流量明星、IP和优秀制作团队的优质电视剧，在过去“一剧四星”的情况下，他们仍有机会通过联合购剧的方式与一线卫视形成抗衡，但在“一剧二星”的情

① 宋诗婷：《这些年我们正在追的网剧》，《三联生活周刊》2017年第44期。

况下，就完全丧失了这种可能。由于无法购买优质剧集，这些电视台就只能对优质剧集进行二轮播放或者购买更低廉价格的一般内容，从总体上，对当前电视剧的内容生产造成了极大的影响。

与之不同，《万万没想到》《嘻哈四重奏》等“段子剧”所带来的巨大的点击量和市场预期，以及近几年移动互联网的快速发展，打开了巨大的网剧市场及其商业想象空间：网络平台与网剧内容制作方以新的模式开展合作，尽管网络平台也购买优质的电视剧目，并为优质电视剧目带来比电视收视更主要的收视流量，但网络平台通过投资制作等方式所开展的内容自制和独播方式成为网剧更主要的制作模式。国家广电总局监管中心《2017网络原创节目发展分析报告》显示，2017年视频网站独立制作网络综艺节目占所有上线节目的46%，参与制作的更是占到72%。全年新上线网络综艺节目中，独播节目达到170部，占到了86%，独播已成主流形式。另外研究显示，2017年自制综艺的数量也在明显提升。2016年视频平台自制综艺共有93档，2017年这个数字将至少达到113档，上半年已播自制综艺47档，比2016年上半年提升了74%①。网络平台进行这种选择的原因在于：随着平台之间竞争的加剧，能够拥有独家优质内容成为平台流量增长和用户增长的基础。优质的版权剧在这种竞争情况下往往水涨船高，加大了网剧的购买成本。因而，通过多种形式的投资和利润共享模式自制优质内容就成为更优的选择。在自制模式之下，平台与制作方一般通过用户付费分成、广告分成等方式来分担成本和风险，只有优质的精品剧和有影响力的综艺内容才能真正地拉动付费用户的增长，有效地推进了原创优质内容的产生。2017年网络综艺、网络剧大量精品的涌现，正是近年来网络内容生产模式有力推动的结果。

再次，网络文艺类型的多样化促进网络文艺生态的发展。

观众的需要从根本上促进了内容生产的多样化，从而带来了更加丰

① 杨光：《“超级网综”时代已到来》，《北京娱乐信报》2017年8月1日第9版。

富的类型。以网络剧为例，据骨朵数据统计，2017年前三季度全网网剧数量251部，共涉及21大类型，包括校园青春、悬疑推理、警匪、罪案、喜剧、爱情、历史、武侠、玄幻、奇幻、软科幻、娱乐圈、军旅、职业、行业、商战、恐怖等。其中，青春校园、侦探推理、历史题材等各类内容得到极大丰富，出现了传奇悬疑探案剧《河神》、罪案剧《无证之罪》《白夜追凶》、古装剧《花间提壶方大厨》、青春剧《致我们单纯的小美好》和《你好，旧时光》、历史剧《大军师司马懿之军师联盟》等人气口碑俱佳的网络精品剧，极大地开拓网剧的种类范围，改变网剧为电视剧题材补充的形象，已成为观众观剧的主流选择。在网络综艺节目方面，从总体上看，2017年网络综艺节目类型极大地丰富，包含谈话谈论、真人秀、脱口秀、文化科技、互动娱乐、竞技选拔、婚恋交友、生活服务、娱乐报道、单项艺术、综艺晚会等多种类型，其中，谈话讨论类、真人秀、竞技选拔、脱口秀、互动娱乐和娱乐报道是其中数量较大的类型。其中，以《奇葩说　第四季》《火星情报局　第二季》《吐槽大会》《饭局的诱惑　第二季》为代表的“爆款”脱口秀节目，因具有鲜明的网生特色深受网民的喜爱，而像《见字如面》《圆桌派　第二季》《晓说　2017》等具有较强文化色彩的节目，也以其鲜明的特色获得口碑，成为豆瓣评分较高的节目。

网络传播的分众化、差异化和垂直化的特点，使圈层文化在网络时代的内容生产中得以凸显。在网络综艺中，针对垂直领域的节目如美食、亲子、辩论、游戏、家装、萌宠、旅行等日益丰富，为满足不同人群细分的精神需求，类型垂直细分日益成为网络综艺节目生产的制胜法宝。其中，各种精准对位95后、00后人群的专门内容，如二次元文化和小众文化也使90后新文化主体的需求得以表达出来。如《明日之子》《中国有嘻哈》《超次元偶像》《次元星计划》等，主打差异性的年轻圈层文化，凸显了年轻一代新的价值观和追求（如keep real 的价值观，对多元偶像的选择等）。在网剧中，以《颤抖吧，阿部！》《你好，旧时光》《致我们单纯的小美好》为代表，体现了年轻网民对“脑洞”和“小确幸”的文化追求，形成了崭新的、代表90后人群的网络审美新类型。诚如研究者所言，“比起80后，‘九千岁’才是真正享受了中国30年经济增长和独生子女政策红利的一代，他们非但没有70后童年记忆中的布票粮票，也没有80后的房贷压力。在他们成长的岁月里，一切坚固的东西都烟消云散了，包括现实世界与虚拟世界之间的界限。网络空间给他们带来了无数个‘平行世界’，在各种亚文化生态中自给自足、自娱自乐，与主流社会保持着若即若离的关系，不再渴求既有体系的认可。他们是犬儒的、小确幸的，但却是天生具有互联网基因的一代，随着媒介革命的深入，世界文化潮流正在向他们走来。”“网生一代已经全面崛起，并且人多势众，他们的价值模式和快感模式必然改变着网文的叙述模式和爽点萌点。”[①]网络文学中主打日常生活情趣，没有打斗和恋爱情节的“日常向”、以轻松欢乐风格和幽默语言为主体的“欢脱风”等，正是这种文化特质的体现，而这不仅在网络文学领域，也在网络动漫、网络游戏、网络视听等领域得以全面呈现。

此外，以《见字如面》《了不起的匠人　第二季》《读书人》《观复嘟嘟　丁酉版》《演说家》等文化科技类节目如春风拂面，为网络综艺注入一股清流，获得较好的口碑，打破网络综艺强调娱乐功能的既有格局。

三、治理时代网络文艺的理论挑战

后野蛮时代的结束和治理时代的来临，对网络文艺理论提出了重要的挑战。这是因为，随着网络文艺治理话语的形成，网络文艺理论研究与公共治理、产业发展引导之间的联系日益紧密，理论与实践具有强关联的关系。

告别野蛮生长的时期，网络文艺也告别了凭借野蛮时代生长的特点作

① 邵燕君、肖映萱、吉云飞：《媒介融合　世代更迭——中国网络文学2016-17年度综述》，《文艺理论与批评》2017年第6期。

为其“网感”凭借的依据，导致对网络文艺的定义问题在今天变得愈来愈难。首先，随着网络文艺在文艺结构中比重的增加，以及媒介融合和内容产业的发展，网络剧与电视剧、网络综艺与电视综艺等在制作人才、播放渠道、内容输送等层面日益融合，网台联动的趋势也在互联网时代不断加强，新丽、正午阳光、耀客等传统影视公司陆续加入网络影视制作行列。随着网络电视日益成为电视的主流形态，两者的边界似乎变得日益模糊。以受众作为划分两者差异的分析模式将愈来愈难以成立。其次，随着监管的加强，以往以尺度作为体现网络文艺自由性的标准，将随着网台标准的统一而变得不可能，网络亚文化也因为资本的介入，变得日益主流化，成为日益涵盖大众文化的表达形态。在这种情况下，定义网络文艺及其特征将变得困难。但只要我们讨论网络文艺，“网感”始终是关于网络文艺的问题的逻辑起点。作为媒介迭代之际的新的文艺形态，网络文艺的“网感”研究的重要性就在于它的用户人群的特征、类型特性等多层次方面。我们既要看到媒介融合之际的现实情况，却不能就此忽视对新媒介的审美经验和受众体验的研究，《王者荣耀》的讨论实际上显示出一种主流话语的粗暴，并不利于网络文艺自身的健康发展。因而有两个问题亟须解决：

第一，网络文艺的艺术本体性理论研究。以《王者荣耀》为例，这是一款英雄召唤类游戏，具有自身游戏世界观的内在逻辑，被批评扭曲历史人物、误导未成年人历史认知，恰恰是传统评论者不了解其游戏逻辑所致。“传统评论者难以理解‘关公战秦琼’，不仅在于他们不熟悉英雄召唤模式，而忽略了玩家和游戏开发者为英雄赋予的意义，还在于他们试图用现实世界的规则去解读英雄召唤类电游世界的现象。”“英雄召唤类电游中有自我代入的身体感知、巨大的内部折叠空间（即‘棋盒’）、大量专有名词组成的话语体系，使自己置身其中或了解这个‘棋世界’的规则，是对其进行评价的前提。”[①]无论是社会观念层面的讨论，还是监管

---

① 项蕾：《“关公”何以战“秦琼”：从英雄召唤类电子游戏说起》，《文艺理论与批评》2017年第5期。

层面上的批评，实际上都显示了游戏艺术本体研究的滞后与缺位。除了网络文学有着较为庞大的研究队伍和研究成绩，网络游戏、网络影视、网络综艺、网络直播等领域的研究都跟不上其自身的发展，基本为产业研究所主导，缺乏艺术本体和文化本体的研究。网络文艺的艺术本体研究的相对缺位，会限制社会的治理观念与政府的治理思维。如何超越社会的一般偏见和旧的知识框架的束缚，从而以一种更符合新的文艺形态和文艺现象的分析模式和讨论框架来介入网络文艺治理，是当前网络文艺领域所面临的最迫切的问题。

第二，网络文艺主流化过程中的多元需求的理论回应。网络文艺主流化已经成为今天文化发展的现实，也为网络文艺告别野蛮生长转向规范化发展提出了内在的要求。在这一过程中，我们需要考虑媒介迭代所带来的多层次需求问题。以互联网的普遍应用为基础，凸显网络受众的多元差异，呈现出网络文化图景的驳杂；与此同时，媒介迭代释放出来的巨大的文化需求在推动产业迅速发展的同时，使网络文艺主流化的过程变得复杂。企鹅智酷发布的《2017小镇青年泛娱乐白皮书》显示，44.1%的小镇青年每天在网上看影视剧超过一个小时，49.3%的小镇青年有过付费行为；小镇青年最乐意向网络影视付费，其次是游戏，均在50%以上。小镇青年作为文化消费主体的崛起，从根本上构成与一线城市青年、中产阶级不同的文化消费内容和审美形态。正是多样性需求带来网络文艺形态多样、内容驳杂的景观，近几年网络文艺领域出现的诸多问题正源于此。这就意味着，网络文艺主流化，需要立足于这种多元化需求，在其中处理好不同层次的价值关系。因此，如何在坚持文化的政治导向、价值导向和审美导向的前提下，在生产和传播环节，既提升文化内容的精品化，又能够真正接地气地满足不同群体差异明显、层次不同的文化需求；在监管环节，能够真正科学有效地进行产业引导和满足网民需求，就成为网络文艺主流化发展和文化治理过程中，必须解决的难题。

第三章　网络文艺的文化形态及其评论介入

在当下，面对浩如烟海、层出不穷的网络文艺，评论的失效表现得尤为突出：评论家对网络文艺的关注度不高，应用于网络文艺的评论话语和评论方式不符合网络文艺的实际情形，使得种种评论和研究看似硕果累累，实则是学术圈的自说自话，既无法影响创作者，也无法引导读者。出现这种情况的原因，并不是网络文艺的创作者和接受者不再需要评论——在笔者参与的一些网络文学作品研讨中，对于能够从类型的角度讨论作品的评论，网络写作者表现出积极的倾听姿态，对于审美的、提升的一些批评则相对淡漠；同样的，当受众不再将文艺视为审美静观和精神愉悦，而是将其作为个体社交参与、价值分享和身份认同的某种媒介时，传统的评论话语和方式自然无法抵达其视野，更说不上影响和引导。简而言之，网络文艺评论的失效，源于对网络文艺文化形态的隔膜。因而，有效的网络文艺评论，首先应建立在对网络文艺基本文化形态必要、真实的了解基础之上。当然，网络文艺还处在起步阶段，要准确描述它很困难，本文试图作一些初步描述，为网络文艺评论提供一种可能的方法论方向。

一、网络文艺的外部文化形态

从外部形态上看，以互联网为基础的新媒介是网络文艺产生、传播、接受和反馈的技术平台，并借由这一新的媒介技术形成文化再生产的媒体机制及文化形态。

首先，以作品、作家、类型、角色为中心所建立起来的粉丝群落，以论坛、贴吧、QQ群、微博等媒介所搭建的社交分享和族群认同的平台，以线上参与和线下聚会的融合方式，共同形成了网络文艺新的组织形态。以网络文艺为基础组织起来的网络文化群落，日益成为现实文化认同与区隔的精神空间和生活文化的组织方式，产生网络文艺独特广泛的亚文化形态。

其次，建立于亚文化形态基础上的网络文学、原创动漫，在当下金融、文化、科技的高度融合背景下，不断进入影视、游戏、广播、剧场等相关媒介叙事形态之中，以高度集中的粉丝受众及广泛的阅读消费基础，成为当代中国娱乐产业的创意之源。基于网络文学的创意叙事和基于网络平台的网民文化的合流，产生了巨大的粉丝经济的产业空间，形成新的产业形态。网络文学作为其内容核心，形成跨媒介生产的全版权的产业形态，并产生了基于互动的跨媒介生产和接受的开放性文本体系。在这一过程中，若干跨媒介的超级IP将全面包围和渗透到受众日常生活的方方面面。

再次，网络文艺作为一种新的文艺生活组织形态和产业形态，深刻渗透着受众的日常生活，在国家文化战略中成为青年文化建设的重要抓手。国家在大力发挥流行文艺在践行社会主义核心价值观中的作用的过程中，越来越重视网络文艺对建设青年文化、未来文化的战略意义。2014年4月以来以网络文学为起始的“净网运动”，在学界被解读为对新生代文化领导权的争夺，正显示出网络文学作为具有广泛性、渗入性的新文化形态所具备的功能形态的变化。

二、网络文艺的内部文化形态

从内部形态上看，网络亚文化奠基着网络文艺的符号表征、叙事形态和接受特点，使其具有全然不同的文艺形态。

第一，网络文艺以网络青年亚文化为基础，形成了一套独特的话语和符号表征体系。网络文艺具有鲜明的网络亚文化基因，网络亚文化所形成的一套话语和符号体系，在网络文艺中得以展现，并成为网络文艺表达风格、符号意义和快感逻辑的基础：以“屌丝”“土豪”“杀马特”“小清新”“文艺范”为代表的网络亚文化的身份认同与阶层区隔，正表征着网络文艺中的趣味意义与身份政治；以“萌”“腐”“污”“吐槽”为代表的表达风格和审美取向，建构了网络文艺快感意义的崭新模式。比如，《太子妃升职记》作为一个现象级网剧，其火爆正是网络文艺话语符号逻辑展开的结果和对受众“吐槽心态”“基腐文化”和“污文化”的极大运用。而口碑和点播率俱佳的网络论辩类综艺节目《奇葩说》完全是以网络亚文化作为其基因。诚然，“腐”“污”“吐糟”等符号风格包含着低俗、粗俗和恶俗的成分，存在着与主流价值观抵牾之处，但单纯对其进行简单的价值观否定并粗暴禁止，则是关闭了对网络亚文化逻辑进行理解的大门。这一套独特的话语和符号体系日益成为主流文艺、大众文艺，成为影视作品的重要编码要素，不断镶嵌到不同的文化层面中去，产生日益广泛和深入的影响。

第二，“生存—欲望化”叙事美学成为网络文艺的主导叙事形态。网络文学作为网络文艺的IP源，不仅为网络影视贡献出大量原创故事，更在资本的推波助澜下主导着整个网络文艺商业化发展的基本叙事类型和美学风格。历史穿越、玄幻修仙、耽美言情、宫斗宅斗等类型既深受二次元亚文化的影响，又对动漫、网游等二次元文化产生深刻的推动作用，并共同形成网络商业文艺的情节升级模式。它们正是融合网络亚文化与类型叙事的新型大众文艺类型，我们不妨将其命名为“网络类型化文艺”。这些类型有着不同于以往流行叙事的新的时间文化、性别文化和成长文化。穿越与重生作为网络文学中的基本历史模式，在重构时间意识上具有非常鲜明的特征。穿越文化是对于历史文化的重新书写，而重生文化是对于生命时间的重新规划。前者满足于个体权力的幻想式舒张，呈现个体干预历史的英雄梦想，后者则是基于人类生命流逝而憧憬的“后悔药”，是对生命重新再来的想象式补偿。从大的层面着眼，历史穿越小说展现年轻一代的想象世界和未来的可能性；从小的层面来看，历史穿越小说则是满足个体欲望“YY”（“意淫”的拼音首字母，指幻想一些根本不可能实现的好事儿）的快感需要。耽美文艺中对男性关系的想象、宫斗宅斗中的女人形象等也呈现出网络类型文艺崭新的性别文化。耽美文艺尽管是以男性间的唯美爱情为中心，但无论是其创作主体还是接受主体，本质上都是从属于网络女性文艺的一部分，是女性性别境遇与性别想象的一部分。作为网络基腐文化的核心，其塑造的男性形象具有阴柔化的唯美主义的特征，是对于充满物欲和利益关系的两性婚姻的反抗。而网络文艺中的女性形象也产生了三种类型——集所有美好品德于一身、具有圣母精神的“白莲花”形象，集所有男性关爱和维护的“玛丽苏”形象，独立自强、以事业为重、不依赖男人的“花木兰”形象。随着对白莲花式女性形象的摈弃和花木兰式女性形象的崛起，在大量后宫和宅斗的类型叙事中，我们可以看到女性对男性不再是基于“小鸟依人式”的依赖，而是“甄嬛式”的挣扎和自我崛起。无论是历史想象还是性别重构，其背后蕴含着更为根本性的“屌丝逆袭式”的成长叙事的基本叙事模式。可以说，“屌丝逆袭式”的成长叙事是包括历史穿越、玄幻修仙、职场奋斗、网游同人在内的整个网络文艺最核心的叙事模式。“屌丝逆袭”的叙事模式具有非常鲜明的特征：主角身份的底层化、叙事情节的成长化、情节设计的升级模式、过关升级的金手指功能。“屌丝逆袭式”是一种欲望化想象的形式，其阅读快感源于强烈的代入感和满足感，是对深陷阶层固化的个体的一种精神式抚慰和补偿，也体现出当代社会青年在性别、生存和发展等方面的精神困境。正如很多网络创作者将马斯洛“人的需求层次理论”作为重要的创作指引，从根本上说，网络文艺是一种基于个体生存和欲望需求的叙事美学。也正因网络文艺扎根于个体的生存现实，使其从产生以来就拥有广泛受众。对网络文学的创作者和接受者而言，网络文学满足了他们最直接的快感和最现实的生存焦虑的问题，而更高层次的精神需求，则是比较遥远的。

第三，网络文艺具有社交性的接受形态。与以往我们强调的文艺的审美静观式的接受不同，由于网络互动媒介的发展，对网络影视、动漫的接受，越来越强化受众与文本间的即时互动和深度参与。文本不再是独立的、封闭的，而是被作为一种社交互动和族群认同的媒介发挥着作用。以弹幕为例：首先，它将观众在不同时段观看同一视频某一时间轴上所发表的弹幕言论共时呈现出来，为受众建构了某种集体性观赏的喧哗假象，使孤独的年轻人获得了某种集体性聚会的欢乐感；其次，弹幕本身所建构的一套独特的话语表达符号，如“前方高能”“23333”等，又为受众建构出某种区隔于其他社会人群、唯你我懂之的共同体想象。这种以独特的话语符号来建构族群身份想象的方式，在网络亚文化中有其传统，比如“火星文”。在今天的网络亚文化中，A站（即AcFun）和B站（即Bilibili）两个弹幕视频网站正是其源头。在90后中，很多人是独生子女，从小很孤独，弹幕能让他们获得一家人围坐电视机前看电视的感觉，而且又有共同文化，没有文化的代沟，所以他们可以通过这种方式来社交，解决孤独感的问题。与这种需求相比，文本的审美、意蕴、叙事的逻辑和结构等，反而不是他们所关注的。还有一种受众现象，称为“站CP现象”。CP是英文couple的缩写，就是给人物配对编撰故事。在文艺文本中，只要受众喜欢某对男女或男男关系，就会将他们强行配对在一起，为他们创造恩爱甜蜜的故事或视频文本，这即是同人创作非常重要的一种动机和类型。比如电视剧《琅琊榜》的男主角胡歌和电视剧《花千骨》的男主角霍建华，就被人配在一起创造出唯美的爱情故事。再比如，里约奥运会期间，也有人将运动员张继科和马龙、林丹和李宗伟等，通过视频图片拼贴的方式，为他们创造出“虐死单身狗”的相爱相杀的各种网络亚文本。此外，还有动漫里面的cosplay（角色扮演），完全是穿扮角色的服装，扮演这些人物的性格。这些接受方式，跟以往的文艺接受方式完全不同，是一种参与式的，是满足个人需求的，带有非常强烈的社交色彩。

三、网络文艺批评的创造性转化

审美批评和文化批评是当下网络文艺批评的两种基本模式。审美批评将网络文艺作品视为一个整体来分析其审美创造，它无法适应网络类型化文艺创作的模式和套路，无法应对打赏、排行榜等以受众为核心的内容生产的互动机制，更无法面对以粉丝群体为基础的亚文化部落文化组织形态下的网络文艺作用方式及其在跨媒介生产中文本形态的开放性。这就使得当下的审美批评在面对网络文艺作品时产生了极其暧昧的姿态——既无法忽视网络文艺受众广泛及其独特的风格、语言和情节形态，又无法对其文艺新质的特征作出合乎实际的评价，从而在价值评判上陷入了混乱。

文化批评将网络文艺作为大众文化来批评，其中最著名的例子莫过于陶东风对玄幻小说“装神弄鬼”的批评。文章讨论了网络文艺与当代社会资本、政治和意识形态的关系，重点批判其中的虚无主义、拜金主义、权威崇拜等价值观。然而其立足于精英主义和文化研究的价值立场，与网络文艺的文化形态及其互动生态的实际情形是隔膜的，难以有效切入网络文艺在受众日常精神空间和经验组织上的作用方式，因而失去了文化批评的实际影响。

别林斯基将批评视为“运动中的美学”，体现了文艺批评的开放性、建构性和理论的生成性。网络文艺批评思路和方法的调整，正是基于网络文艺文化形态的变化，需要建立新的批评理论来作为网络文艺的美学尺度和文化标准。然而批评理论的形成，又必须建基于批评实践的过程之上。事实上，网络文艺批评的思路调整并不完全否定审美批评和文化批评，而是要对其进行创造性的转化。

从影响创作者的角度来说，我们可以从审美批评进入到创意批评，将网络文艺视为通俗文艺和类型文艺。而对通俗文艺的模式化、商业化特点进行批评是最近网络文艺批评一种值得重视的可喜趋势。然而，由于通俗文艺与新媒介技术条件下的互动写作、亚文化群落和跨媒介开放实践的形态不同，当下网络文艺产业是新媒介条件下的创意产业，对其创意规律的研究实际上正可以转化审美批评的创造研究，使审美创造的独创性尺度转化为产业中的创意性规律，并建立中外文艺创意产品的创意价值坐标。如对《哈利·波特》和《指环王》等幻想文学的规律研究，并将其与中国玄幻文学进行创意比较，以之确立幻想文学的创意体系等，进而以之作为网络文学写作以及网络文学跨媒介生产的有效指南，发挥其对网络文学产业的文化引导功能。我们可以看到，我国网络文艺很大部分受到的是日本动漫、日本轻小说、欧美魔幻和奇幻小说的影响，而这些东西由于文化产业的长期的发展和积累，已经形成了一些类型创造的规律。这些规律可以很好地帮助我们引导现在的网络类型的创造。在这一基础上，展开我们对网络文艺本土类型的讨论、评论和研究，才具有引导创作的真正能量。

从面向受众来说，我们需要从传统的文化研究走向文化生态研究。无论是法兰克福学派的文化批判，还是伯明翰学派的文化研究，基于政治经济学、阶级分析基础上的否定、颠覆、反抗等哲学反思和政治批判立场，实际上都很难有效分析网络文艺的文化生态。网络文艺及其跨媒介生产的开放性文本体系深刻地渗入受众的日常生活，在当代大众的生活中具有认知、认同、宣泄、交流等多重文化功能，甚至具备了人类学意义上的日常仪式和神话意义，使其成为生态学意义上的文化生态。这种具有新媒介特征、高度互动互渗的亚文化群落，尽管离不开资本、科技、经济、政治等多重力量的介入和建构，但只有更充分地基于文化人类学和文化社会学的视野和方法，如将文本内容、文本实践的形态与田野调查、访谈的方法相结合，才能更有效地介入网络文学的真实情况。因而，文化生态研究要求研究者进入到受众中去，成为一个“粉丝型”的学者，在QQ群、贴吧等地长期与粉丝受众交流，理解他们的观念，同时也能对他们的批评做一点调查。有效的文化政策、产业指南、价值引导和学术积累，必须以对网络文学的文化生态批评为基础。

第四章　国产网络综艺的创新发展

一、“双创”视域下的国产网络综艺

近年来，随着《国家宝藏》《我就是演员》《这！就是街舞》等节目或出海欧美和东南亚国家，或亮相国际电视节引发世界关注，国产综艺节目自主创新的步伐不断加快。从1983年央视春节联欢晚会开播以来，在近40年的发展历程中，国产综艺节目从借鉴港台、欧美和韩国综艺模式，到不断探索适合本土观众需求的、有意思有价值有意义的节目形式，先后形成晚会表演、游戏娱乐、知识竞猜和真人秀为主导模式的不同阶段。近年来，国产综艺节目反思过度娱乐化的生产制作误区，应对新媒介新技术的环境变化以及文化产业发展的趋势，以现实主义为导向提升节目原创能力，主动适应新媒介新技术创新节目形态，通过跨界融合协同创新构筑发展动力，探索传承传统文化、弘扬时代精神的新方式等，产生了一批涵盖不同类型的优秀综艺节目，不仅彰显了文化自信，而且在节目形态、制播模式、内容形式、价值创造和精神引领等方面，积累了丰富的“双创”的经验。

（一）贴近时代生活，以现实导向提升原创能力

相比于虚构性的影视剧和虚拟性的动漫游戏，综艺节目在内容题材、

参与人物、讨论话题和引发效应等方面，都更加贴近时代和关注现实。鲜活的社会现实和普通人背后不凡的精神和故事是综艺节目这棵大树生长的肥沃土壤，只有扎根生活、扎根现实，综艺节目才能获得持续不断的创新活力。但在一定时期，某些有影响力的综艺节目，由于对市场和观众的误读，产生过度娱乐化的误区，忽视其应有的现实内涵与价值导向，导致节目类型单一，引发观众的普遍不满。在习近平总书记发表文艺工作座谈会讲话，提倡以人民为中心的现实主义创作导向之后，国产综艺节目重新开始“现实主义的回归”。2018年以来，国产综艺节目立足现实、贴近时代，以平民化的视角，聚焦时代大变革下社会各阶层面临的新境遇与新问题，多角度多层次挖掘家庭、婚姻、情感、职场、心理等生活内涵，深入讨论老龄化、中年危机、性别差异、子女教育、青年独居等社会问题，拓展综艺节目表现社会现实的广度、深度和厚度。

《忘不了餐厅》将认知障碍老人作为节目关注对象，向老年人传递参与社会积极乐观的精神。《我家那闺女》深度解读当下社会青年独居与代际交流的现象，引导公众思考生活意义。《女人30+》《新生日记》等节目则以女性为主体，深度剖析不同女性在职场、婚姻与育儿等方面遭遇的困境与抉择。《考不好　没关系》反思亲子陪伴与教育焦虑的社会问题。《令人心动的offer》等职场类节目以真实再现职场生存环境为基础，与观众深入探讨职场问题。以生活为导向，一大批观察类综艺节目蓬勃兴起，它们以“纪实+综艺”为形式，围绕恋爱、夫妻、朋友等关系，聚焦家庭、社会和职场，力图再现生活的本来形态，在观察和体验中，引发公众对生活本质及其意义的讨论与思考。《圆桌派》《奇葩说》等一大批谈话类、论辩类节目围绕社会热点，取材当下人们普遍关切的社会现象，例如“996工作”“原生家庭”“斜杠青年”“一线城市压力”“恐婚”“流量”等，以多元化的视角、精彩的论辩和有趣的语体风格，传递积极正向的社会价值，频频形成热搜话题，引起公众关注。正是以现实为导向，国产综艺节目不断提升原创能力，不仅开发了生活、情感、职场观察、体验类等丰富类型，而且也推动了《极限挑战》《奔跑吧兄弟》等真人秀节目以体验社会生活、表现普通人故事为转向的本土创新。此外，国产综艺节目还以强化社会服务功能为目标，推动节目类型创新，如《梦想改造家》《暖暖的新家》等聚焦大型家居的改造服务，创新真人秀模式；《我们在行动》以精准扶贫为目标，打造小而美的公益纪实节目；而《少年说》则关注青少年的压力，为其健康成长创造心理释放表达的空间。

（二）适应利用新技术新媒介，创新节目形态，满足受众需求

在文化与科技融合发展的趋势下，国产综艺节目适时求变，主动拥抱新媒介新技术谋求创新，在选题策划、内容制作、推广营销和节目推送等层面，充分利用大数据技术了解节目观众画像，分析用户观看行为和参与行为的特征，通过弹幕、微博等即时互动技术和多屏互动媒介，深入挖掘观众需求，以观众为中心进行选题策划和内容调整，不断提升观众参与节目的互动效果，更以技术算法准确分析用户兴趣，进行内容和广告的精准推送。在这一过程中，网络综艺充分利用网生优势，发挥网络精神，深入开发网生资源，构建网络文化IP体系，以回应网民需求。传统电视综艺则主动借鉴网络综艺的经验，引入综艺“网红”，通过在年轻人聚集的B站开设播放频道等方式，探索适应年轻受众观看兴趣和互动需求的融合方式，寻找价值引领与受众适应的路径。在2020年初新冠疫情影响的特殊时期，央视和地方电视频道积极利用云技术开创“云综艺”，关注疫情时期社会生活的各个方面，为居家观众提供精神文化产品。

新媒介新技术不仅带来传播方式的变革，而且内在地构成文化艺术内容和形态创新的内在驱动力。在技术驱动与文化创新的双重驱动下，全息投影、虚拟技术和人工智能被应用到综艺节目的创作生产之中，不仅极大地提升了节目呈现效果、创新了综艺节目表达的方式，而且催生了新的综艺类型和内容形态。《国家宝藏》采用全息式舞台，实现文物的虚拟展示，创设沉浸式主体舞台设计，带来全新的观演体验。《舞蹈风暴》采用

画面360度旋转“定格+解构”技术捕捉舞蹈风暴时刻，再现舞蹈艺术魅力。技术与文化的融合还催生出新的综艺类型，《明日之子》中虚拟偶像赫兹的加入创新了虚拟与真实同台竞技的新模式；《最强大脑》《这！就是机甲》等节目中，人工智能与真实人类进行人机竞赛，展现智能科技时代的文化新特征。《超次元新星》首次将顶级CG（计算机动画）引擎实时3D渲染、数字孪生等多项顶尖技术应用于大型综艺节目，打造全新的虚拟偶像选秀新模式，在为观众带来全新视听体验的同时，推动新技术与新综艺的融合创新。

（三）拓展行业边界，跨界融合，实现协同创新

跨界融合有利于打破事物固有的秩序和逻辑，重建跨界对象之间的连接方式和意义结构，实现资源的重新配置和价值的重新编码，是文化创新的重要路径。近年来，随着文化产业加快融合发展的趋势，综艺节目以“文化+”为取径，不断拓展综艺行业的边界，与艺术、影视、旅游、文博、科技、教育、体育等文化及相关产业深度融合，不仅创新了综艺节目的内容类型和文化空间，构建了新的商业模式，而且借助综艺节目的传播力和创新力，有效地推动相关文化产业的突围与发展，实现“综艺+产业”的联动效应。《声入人心》《这！就是街舞》《乐队的夏天》等节目，借助综艺节目的传播效应，使音乐剧、街舞、乐队文化等小众艺术实现了“破圈”，综艺节目发挥了文化培育的功能。《我就是演员》《声临其境》等节目，充分展示演员的专业能力，引领影视行业价值导向，在引发话题、带来流量的同时为演员提供了发展的空间。文博文创、运动竞技、旅游生活、音乐选秀等节目类型，带动了文创产品、旅游产业、运动健身、音乐培训等产业的联动发展，形成以版权开发为中心、不断拓展产业链和价值链的产业协同创新的模式。

在专业、纵深和融合发展中，综艺节目突破单一的娱乐功能，成为当下文化、经济和社会发展的“连通器”和“黏合剂”。《向往的生活》

《亲爱的客栈》等节目倡导“慢生活”理念，在缓解观众的快节奏城市生活所带来的焦虑的同时，宣传了节目拍摄地的自然人文景观，推动旅游目的地的形象建构，更借助明星嘉宾的力量，帮助所在地农民、农业的发展和扶贫项目的建设。综艺节目以故事化、情节化、人格化、情感化的方式，将文化资源、历史资源和旅游资源进行重新的整合，以更接近当下年轻受众情感和心理需求的方式进行表达和转化，实现形象的立体化建构和多层次展示。在综艺节目文化赋能之下，越来越多的城市和旅游目的地参与到综艺节目的制作中，借助综艺节目传播城市和旅游形象，讲述人文风物故事，推动经济社会发展。在拓展产业边界、进行跨界融合的过程中，综艺节目也获得通向当代生活的广阔空间，构筑内生发展的源泉动力，实现功能的丰富和价值的创造。

（四）坚定文化自信，传承传统文化，弘扬时代精神

中华优秀传统文化是中华民族的精神命脉，是涵养社会主义核心价值观的重要源泉，也是我们在世界文化激荡中站稳脚跟的坚实根基。以爱国主义为核心的民族精神和以改革创新为核心的时代精神，是凝心聚力的兴国之魂、强国之魂，是实现中华民族伟大复兴的强大精神力量。国产综艺节目的创新创造及其价值提升，必须坚定文化自信。既要从中华优秀传统文化中汲取源源不断的文化资源，从民族精神和时代精神中吸收精神力量，也要以新技术、新媒介和新形式，不断探索中华优秀传统文化走向当代，将时代精神融入人民生活的新方式、新路径。

近年来，以文化综艺为路径，国产综艺节目深入挖掘传统文化、红色文化和改革精神，充分利用新技术新媒介的力量，充分发挥文化名人和影视演员的效应，充分借鉴年轻人潮流文化、网红文化和文创文化的经验，系统立体地展现中华优秀文化的内涵和魅力，真实再现革命传统和改革精神，探索将传统文化与时代精神融入社会主义价值观的新方式，探索传承传统文化、弘扬时代精神的新路径。《国家宝藏》挖掘国宝文物背后的民

族精神，通过历史再现与当下守护的舞台场景的联结，融通民族精神与社会主义核心价值观。《上新了·故宫》以文创开发为契机，挖掘故宫建筑与文物内蕴的历史故事与精神资源，传播文物故事，探讨文化创造转化的方式。《故事里的中国》创新“戏剧+影视+综艺”的节目形式，通过亲历者和见证者对经典背后的真实过往的讲述、对经典文艺作品的重新演绎和专家学者以别具新意的方式讲述新时代中国故事的方式，实现综艺节目对时代精神的创新表达。这些节目以其仪式感、厚重感和创新性受到观众的高度肯定，也成为中国文化模式输出的最重要类型。

今天，文化的创造创新并非孤立的行为，而是需要置于社会、经济、技术、文化的系统性框架中综合进行。既立足现实寻找节目创新的土壤，又扎根传统探寻节目创造的源泉，既跨界融合寻求持续创新的动力，又适应媒介技术提升节目满足受众的需求，这是国产综艺节目系统性创造创新的经验，也是国产综艺节目未来发展所要坚持的方向。

二、小众艺术网综的文化“破圈”与产业“破圈”

包括说唱、舞蹈、相声、乐队、舞台剧等在内的小众艺术，借助综艺节目频频亮相公众视域。《戏剧新生活》《金牌喜剧班》《声入人心》《这！就是街舞》《乐队的夏天》《舞蹈风暴》《说唱新世代》《德云斗笑社》《声临其境》等小众艺术和文化类节目，或成为综艺爆款，频频掀起话题，或口碑高企，引发圈友四处推荐。这些综艺节目不仅极大地推动了综艺节目模式的本土化和原创性，更借助综艺节目的媒介效应，推动小众艺术和圈层文化的突围和“破圈”：声入人心男团一炮而红，带来线下演出一票难求的火爆局面；而原本只是活跃在圈内的乐队文化，也因为“乐夏”效应，不仅推动线下音乐节的火爆，还使因此走红的乐队演出票价暴涨，演出邀约应接不暇。

（一）兼顾小众艺术的专业表达与大众审美，是这类综艺实现“破圈”的关键

作为一种具有原创性的本土综艺新类型，小众艺术综艺跨界的火爆，既有着极为现实的产业动力，又具有较为正向的文化和经济效益，无论对综艺节目的制作者还是小众艺术的生存发展而言都是多赢的。

一方面，随着公众对数字文化的需求不断扩大、视频网站平台节目内容竞争的不断加剧、海外引入节目模式边际效应的不断缩减，以及国家对文化生态政策引导的趋势，本土综艺节目面临着迫切的内生需求：突破内容同质化进行创新。丰富多样的青年亚文化资源和传统的、小众的艺术资源，因其扎根特定审美文化和生活传统，拥有一定已有受众和潜在可能的受众，具有粉丝文化的某种特质，因而成为综艺节目进行内容原创的肥沃土壤。小众艺术的综艺跨界，既能开拓综艺节目题材和类型发展的新空间，又能通过对圈层文化的大众化编码和主流化转译，盘活圈层粉丝，转化大众受众，实现节目传播效应的最大化。

另一方面，以真人秀、竞技等流行综艺方式为途径，综艺节目打开了传统、小众艺术与圈层文化走向当下人们精神生活的可能通道。那些或因曲高和寡、或因艺术形态陈旧而无法引发当下年轻受众喜爱，或由于“文化密码”而被区隔在外的亚文化，在综艺娱乐的流行方式和新媒介新技术的推动下，实现了知识普及、人气积攒和受众培育的目标。话剧、音乐剧、相声、舞蹈等剧场艺术和说唱、乐队等小众艺术经综艺节目的营销进入当下大众精神消费空间，不仅扩大了小众艺术的受众规模，而且推动了小众艺术的线下发展。需要特别指出的是，在新冠肺炎疫情对线下文化消费持续制约的背景下，剧场、livehouse等线下消费场所长期处于停顿状态，因而如何通过包括综艺在内的数字文化内容，为以剧场为代表的现场艺术和文化提供生存发展空间，实际上也成为当下小众艺术、圈层文化进行综艺“破圈”现实且迫切的动机。

然而我们需要看到，专业性和娱乐感的平衡，始终是小众文化题材

综艺节目面临的难题。对小众文化和艺术题材的综艺节目而言，如何兼顾小众艺术的艺术展现、专业表达与大众审美之间的关系，处理好小众艺术的跨媒介转译，遵循电视综艺真人秀的逻辑，适应当下娱乐文化的流行机制，使其既能满足行业、圈层内观众的专业需求，又能满足圈外受众的审美文化需求，是这一类型综艺节目真正实现“破圈”、收获口碑与收视的关键。

（二）依自身特点选准“破圈”定位，选择最适合综艺表达的艺术形式与场景

小众艺术之所以“小众”，往往因其具有一定文化欣赏和理解的门槛，而圈内受众以其拥有的文化资本彰显身份，对此类节目的评价往往格外挑剔。对圈内受众而言，该类综艺是否真正、纯粹地表达其认可的艺术和文化形态，成为其衡量节目水平的标准。但是，由于传播媒介差异、受众审美水平不同等因素存在，小众艺术题材综艺节目在进行“破圈”的过程中，需要借助流行文化的生产和传播逻辑，如凸显游戏竞技情境下的戏剧冲突、塑造个性鲜明的艺人人设、借助粉丝文化的力量等，将特定类型的艺术转化为整体性的戏剧冲突、角色模拟、视觉奇观的方式来呈现，以获得在作品、话题、人设等层面的“破圈”效应，这就使该种艺术的传统形态不得不适应电视和网络观众的审美习惯而做出改变。

如《声入人心》第一季的成功，正是将对美声、音乐剧等艺术形态的专业性舞台呈现，与真人秀逻辑下年轻表演艺术家们在特定赛制下竞争与协作的戏剧效果、人设塑造以及粉丝文化下的CP感营造等充分融合的结果。又如《舞蹈风暴》从之前众多的舞蹈综艺中脱颖而出，是通过压缩舞蹈的时长，要求每个舞蹈在两分钟内突出舞蹈“最具有包蕴性的时刻”，并借助现代文化科技凸显极致的舞蹈视觉效果，使观众沉浸在舞者充满魅力的艺术性和技术性的视觉奇观中实现的。

相比之下，《声入人心》第二季、《德云斗笑社》等节目的口碑下

滑，就因为或过于迎合综艺娱乐性而牺牲专业性，或过于聚焦圈内的“熟梗”而忽视大众对相关艺术的理解，从根本上讲就是节目定位不清晰。这意味着，小众艺术的综艺“破圈”，需要适应特定类型艺术和文化的特点，选准“破圈”的准确定位。以此为依据，选择最适合综艺表达的艺术形式与场景，兼顾圈内圈外受众的习惯，恰当地讲述艺术的动人故事。

《戏剧新生活》遵循严敏一贯的“极限”游戏模式，让一班戏剧人以新人姿态在乌镇这一特定情境下谋求戏剧生存，展现其充满人文艺术深度的戏剧作品，将艺术性命题的探讨、戏剧人对戏剧的热爱与艰辛的生活，以及戏剧作品的动人力量共同呈现。可以说，节目从定位上和理念上，不谋求大众化，而聚焦于话剧受众的有限“扩圈”，并将其贯彻于节日理念上，以专业性和人文性为内核，将戏里戏外的戏剧性做足，达到综艺元素与艺术类型内在本质的一致，从而既获得戏剧评论家的高度评价，也收获了观众的高口碑。

而由B站自制的《说唱新世代》等说唱综艺的突围，就在于从说唱的定义到rapper身份的选择上，都立足于双重“破圈”的理念：其一，打破由之前说唱综艺所带来的对说唱音乐的刻板印象（如flow、freestyle、双押等），而是以“万物皆可说唱”重新定义说唱，让选手聚焦身边生活，表达对校园暴力、职场环境、女性地位、世界和平等主题的关注，让说唱者承担社会关怀，开拓说唱音乐走向社会生活的广阔空间；其二，节目改变同类型专业选手海选比赛、层层淘汰晋级的赛制，而是从一开始就限定40名来自各行各业的rapper，他们未必专业，但都拥有对说唱音乐的热爱，通过“四象限”“八角笼”“四环区”“哔特币”等构建生存性、经营性的真人秀赛制，更为真实、立体地呈现这些说唱者的生活与追求，引发观众的多维度共鸣。由此，节目从定位、理念、呈现到效果高度一致，这批充满现实关怀的说唱音乐作品也因之真正“破圈”。

（三）“破圈”不应只是综艺内部的问题，而需要积极谋划产业形态和价值链构建

综艺节目内容生产的垂直化，是当下数字文化产业发展的必然趋势。可以预见，在未来很长一段时间内，更多基于特定小众、圈层文化和艺术的综艺细分类型将越来越多地被生产制作。而已有的小众艺术综艺节目如何打破同质化，获得持续创新发展的动能，将成为一个值得不断讨论的重要命题。我们需要清醒地认识到，小众艺术的综艺“破圈”不应只是一个综艺节目内部的问题，而需要在产业跨界发展的视域下，积极谋划产业形态和价值链构建，使其文化的“破圈”真正转化为消费的“破圈”。

这是因为，随着综艺跨界趋势不断加强，综艺节目已经愈来愈成为文化及相关产业发展的助推器，在文旅融合、产业跨界等领域发挥着“引擎器”和“发动机”的作用。时下小众艺术的综艺跨界要真正实现产业“破圈”，不应仅仅局限于综艺节目对相关艺术的公众普及、对演艺团队的造星效应及对艺术作品的推介所发挥的传播效应，不应满足于以传播推进线下消费的单一形态。实际上，如何适应文化科技发展的新趋势，在尊重和适应各门不同小众艺术自身发展的艺术逻辑基础上，推进包括云演艺在内的艺术形态创新，构建更为完整、丰富的产业链条，乘势而上，推进小众艺术产业真正进入大众日常消费之中，这些才是当下小众艺术综艺“破圈”真正需要解决的问题。

三、网络综艺真人秀创新的关键

纵观近年来国产综艺真人秀的发展，“跨界融合”与“纪实风格”是其变化趋势的两个关键词。一方面，在文化产业跨界发展的趋势下，综艺真人秀通过不同题材与类型的跨界，拓展了节目的类型和内容的边界，形成“艺术+”“旅游+”“生活+”“服务+”等不同形态，使综艺节目与日常生活多领域发生了连接，在推动节目创新的同时，发挥了积极的产业融

合与文化融合的功能。另一方面，综艺真人秀自身也在寻求内在的突破，在将综艺秀场从棚内场景向户外场景转移的同时，弱化规则和剧本的情节性和戏剧性，力求以“纪实风格”探索综艺真人秀新的表意空间。

客观地评价，在“跨界性”主题融合与“纪实性”制作方法的介入下，综艺真人秀逐渐摆脱以往注重表演和游戏的“竞技秀”的固有模式，形成“观察类”和“生活流”叠加的新模式。以“观察”为框架，真人秀节目以“纪实”为风格，经营、旅游、情感与生活等不同类型交叉融合、各有侧重。它们追求真实，以更加仿真的方式不断贴近人们的日常生活、婚恋情感和精神休憩的日常关切，引发了相当程度的关注度。

但其以预定的人设为前提，将明星嘉宾在假定情境中的情绪状态、关系冲突和隐私生活作为节目的卖点，在多机位镜头记录的背后，是对众多素材的刻意挑选和剪辑，以追求“冲突”和“猎奇”的戏剧效果。这种“纪实性”是一种脱离真实生活的特殊情境，其本质仍然是假定情境中的半开放剧本式的表演，并没有真正摆脱“秀”大于“真”的困境。而因为其镜头聚焦、话题设置和效果呈现都没有摆脱明星消费的痼疾，极大地限制了综艺真人秀对社会生活内容的开拓和对思想内涵的深化。

因此，如果不能从根本上改变真人秀节目基于“假定情境的虚拟表演”的现状，就难以真正解决其“秀”大于“真”的弊病。正是在这一意义上，从《奇遇人生》开始，以《念念青春》《仅三天可见　特别实验季》《很高兴认识你》《请吃饭的姐姐》等为代表的真人秀节目，就显示出其敢于挑战不确定性、对真人秀真实性基础进行实验的探索精神。

首先也是最为重要的是，这些节目敢于打破“假定情境”中的表演性和仿真性，而将节目建立在生活真实和体验真实的双重基础上。无论是《仅三天可见　特别实验季》中职业不同的两人进入彼此真实日常进行体验的三天社交，还是《请吃饭的姐姐》中镜头下那些新奇的职业与人群，抑或是《念念青春》中那些凝结于文中的青春记忆，这些节目将现实生活中真实存在的人物、职业、行为与事件作为内容真实性的基础，并且去除剧本式的预设，在充分尊重节目中的明星、名人或素人的真实动机、行动逻辑和真切体验的前提下捕捉那些充满不确定性的感受与体验。

张艾嘉在《念念青春》的创作手记中就强调，“大家都在寻找真实的力量，很多人都会希望能够用纪录片的手法来记录、捕捉到一些真实的状况。《念念青春》里我特别珍惜那些带有未知感、探索感的惊喜瞬间。”这些节目以一种充分的纪实精神和实验精神，去探寻社交关系中人与人所存在的可能性，展现真实的力量。比如《仅三天可见　特别实验季》中，演员白敬亭临时起意，带着导演吕行开车回到自己老家，而正是这种不确定，打开了两人之间更为深入的交流，包括白敬亭对婚姻的思考，以及因为不想让父母失望而拼命练习钢琴等记忆。又如《念念青春》关于李雪琴的那一集中，节目组原本想要讨论互联网新一代人群的生活，却因为征集到的文本更多关涉到北漂人群与故乡和家的复杂情感，而将念诵会的主题改为关于漂泊与家的讨论。节目中无论是明星嘉宾那些平时不为人知的内心感受，还是议题讨论所散发出来的精神力量，正是因为这种真实性的现实基础而成为可能。

正是基于上述真实性基础的重构，这些节目才能够打破以明星消费为中心的单一内容，而通向更为广阔的生活世界和人生经验。节目尽管聚焦于人，但不再是个人性、隐私性的生活叙事，而更侧重于面对自我的生命思索、人与人之间的关系质询以及社会现实的新经验的表达。正因如此，节目中明星的角色，也从以往真人秀节目的话题主角转化为与更广阔世界和更丰富人生进行连接与探访的“中介者”。在《念念青春》中，每期名人与张艾嘉一道，承担着话题的开启者与引领者的角色。如周深与那些小时候与众不同的少年一起探讨对差异自我的接纳；丁真与那些获得救赎的“棒少年”球队队员共同引发“对纯真青春的守护”的话题；李雪琴则与北漂青年一道想家；而五条人和那些怀揣理想的离乡者与精神流浪者重拾理想。

《很高兴认识你》中阿雅和周迅的角色是“探访人”，其目的在于引出那些不为人所熟知的旅居地的平民百姓的生活；而《请吃饭的姐姐》则以饭局为媒介，探寻时代发展中那些有着崭新职业和经历的新鲜人群。尽管《仅三天可见　特别实验季》是两名不同行业的名人的社交体验，却能超越对彼此生活隐私的探寻，将彼此对人生和职业的体验与理解，作为一种具有公共性的生活态度和生命意义的议题。比如曾经的喜剧人阿雅和现在的喜剧人杨迪关于“自我的过去与将来”“机会与成长”的讨论，以及哲学教授刘擎与演员陶虹之间关于哲学理性与戏剧感性的有趣而深度的讨论。

正是这种对生命经验与意义的探寻，使这些真人秀节目不像以往虚拟游戏式真人秀只具有娱乐性价值，而能够给予观众深度的人文思考。诚如张艾嘉在《念念青春》创作手记中所说，这档节目有三个希望：让参与者感受到被尊重、传递的情感温暖而踏实、青春的无法定义。该节目正是通过不同地域、不同年龄的人群众多文本与刻录中的“青春”记忆，展现了“青春”这一命题的广度和厚度。《仅三天可见　特别实验季》总监制金辉对节目制作理念进行阐释：“我们想通过三天的相处展示不同圈层的人之间的关系，让身处其中的嘉宾能够重新审视自我，也让屏幕外的观众能够代入自己，找到适合自己的答案，去尝试理解那些与我们不同的人。”这也是该节目在当今社会存在的意义。在一个不断圈层化的社会中，这些节目将视野转向了人与人之间的差异与理解：自我过去与当下的和解，不同代际、行业之间的人与人的相互理解等等。在这一过程中，这些节目不仅打破了明星人设的羁绊，也开启真人秀节目对更广阔生活、人生探寻以及沟通的尝试。

综艺真人秀节目的创新，不是只能通过“做加法”谋求跨界融合，创新题材和内容，实现产业融合与功能叠加的节目效益，如“综艺+旅游”“综艺+剧本杀”。如何通过“减法”削掉浮华，在去伪存真中重构节目自身内核，重新激活综艺表意的丰富空间，则是推动综艺内涵创新更为关键的问题。上述这些综艺节目通过重构真人秀的真实性的现实基础，极大拓展了真人秀节目的内容表达空间，并为综艺人文精神的建构提供了路径。如何让其真正进入大众的精神空间，实现口碑与点播的同步提升，则需要留待进一步讨论。

四、行业服务类真人秀发展的新趋向

青年导演创制真人秀《开拍吧》不仅以其高度模拟仿真的方式，对电影工业流程进行了还原，展现了电影创制与播出的全过程；也以其鲜明的制作特色，让观众直观感受六位青年导演的可喜成长与发展潜能；更产生了包括《刹车》《不说话的爱》《重逢》《歪打正着》《冯海的梦》等引发关注和热议的电影短片作品。由于影视行业综艺存在短片竞技与长片评价的冲突所带来的天然缺陷，该节目未能成为口碑爆款，但节目立足青年导演在电影创制过程中所面临的自我表达与市场评判的冲突，成为行业观察的独特窗口，而且立足行业规律、引导行业风气的做法，也为剖析当下行业服务类综艺真人秀的发展提供了一个观察视角。

事实上，像《开拍吧》这类服务于行业的综艺真人秀在近些年成为综艺的一种新类型，如打着“还原市场机制，打造影视行业缩微图鉴”旗号的《导演请指教》，以“不光展现戏剧本身，也想展现戏剧产生和彩排的过程”“帮助更多刚踏入这个行业的年轻人改善生存现状”为目标的《戏剧新生活》，还有着眼于“挖掘中国国内优秀的喜剧新人和喜剧编剧，让更多人了解喜剧的多元魅力”的《一年一度喜剧大赛》等，都将“行业”与“行业人”作为真人秀综艺表达的中心。我们不妨将这类综艺真人秀称之为“行业服务类综艺真人秀”。

与传统文艺综艺从单一层面上注重“文艺节目”的展演与竞技不同，这类节目在“竞技”等节目形式之下，主要通过对行业从业者在创作生产作品过程中的“创”与“演”的生产条件、机制与过程进行更为全面的展示，注重对行业整体生态与困境的表现，同时表现行业从业者所坚持的理想信念与所面临的困惑与挫折，意图通过“综艺感”的引入引发人们对包括戏剧、影视等行业的关注，引导人们对行业所面临的问题的讨论与思考。在生活服务类真人秀之外，行业服务类真人秀日趋成为综艺真人秀的一种颇具发展前景的新类型与新趋向。

行业服务类真人秀的兴起，具有多重动因：从综艺自身的类型发展上看，节目类型与元素的不断迭加与融合是包括综艺节目在内的流行文化创新创造的主要方式。突破文艺真人秀注重于某一文艺环节，而从更为复杂的流程的层面来展示文艺行业的多个侧面及其复杂的关系，从而推动综艺真人秀在类型、内容与表达上的创新，是行业服务类综艺产生的直接动因。从文艺行业的发展而言，在注重流量、眼球传播的当下，如何借力综艺所具有的传播力和整合力，推动行业本身的“破圈”，引发人们的关注，实现其在当下数字媒介与文化消费语境中的传承与发展，这是行业服务类综艺产生的另一动因。

然而，从单一层面的“演艺”与“竞技”向行业的流程与生态所进行的内容转向，只能成为定义一档综艺是否属于行业服务类真人秀的条件，却不能作为衡量综艺质量高低的标准。有些节目尽管打着行业服务的旗号，却深谙“流量密码”，刻意制造话题，对行业问题进行过度消费。如同为影视导演竞技真人秀的节目《导演请指教》就存在着违背行业发展规律、过度进行话题消费等问题。该节目备受观众诟病的是让导演在两三天内完成一部短片拍摄的“突击拍片”模式违背了影视作品“思想精深、艺术精湛、制作精良”的创作要求。而影评人对短期内粗制完成的作品进行“毒辣”评价，不断引发与现场观众和投资人之间的立场和观念的冲突，甚至由观点的分歧进一步上升为人身攻击，更加以刻意剪辑制造冲突不断的效果，使节目成为“挑事”者，引发不同行业相关者的争吵。从其在豆瓣4.1分的评分以及负面评价可以看出，该节目非但未能实现人们对影视行业的关注，反而在刻意营造的“综艺感”中，暴露了节目中从业者立场和观点的偏激，引起观众的不满情绪，不利于构建良好的行业生态。

与之相比，《开拍吧》在高度模拟电影行业的整体工业流程，还原电影从剧本创作、组建班底、拉取投资到上映播出、市场评判的状况的同时，以短片作品的创制与播映为中心，在呈现“绿灯会”投资人、专业影评人以及观影观众评价的差异的同时，以更为符合行业发展规律与行业生态良性构建的方式，深入讨论了电影短片的市场性与艺术性、自我表达与现实压力之间的冲突与困境。节目取消竞技淘汰的形式，而以获得院线长片拍摄的“梦想席位”为目标，在完成三部电影短片制作的过程中，注重电影短片创制的基本规律，给予青年导演较为符合市场规律的拍片预算，同时在创制的时间和条件上给予更为充分的支持，如从广告导演转型为电影导演的彭宥纶的第一部短片因为经验原因未能如期完成，节目组给予其继续完成短片拍摄制作的机会。在面对青年导演郝杰选择退赛时，陈凯歌对郝杰乡村题材艺术电影的先锋性及其稀缺性给予高度肯定，并且给予团队和资金的全面支持，显示出节目对行业发展的善意与包容的价值导向。相比于《导演请指教》所引发的话题争议，《开拍吧》在豆瓣上的评论更多针对导演拍摄的短片的解读，以及对青年导演的成长与发展的讨论，引发了人们对青年导演及其电影作品的关注，也对构建良性的行业风气起到积极的作用。

当然，《开拍吧》并非尽善尽美，但其为当下正在兴起的行业服务类真人秀树立了某种可供参考的方向。

一方面，行业服务类综艺真人秀要在充分尊重行业发展规律的基础上进行综艺节目内容及其赛制的设计，不能为了“娱乐”而牺牲“专业”。专业性是行业服务类真人秀的生命线，符合行业发展的产业规律、尊重文艺创作的生产规律、对行业从业人员给予足够的尊重，是行业服务类真人秀专业性的体现。《开拍吧》对风格各异的六位青年导演所给予的尊重，以及对演员所表达的善意，让观众感受到节目对行业从业者的温暖；在作品评价上，包括赛人、桃桃林林等在内的专业影评人的专业性和真诚度毋庸置疑，在节目中，他们也主要立足于作品本身进行评价，具有较为稳固的评价标准。节目的“综艺感”源自四位“绿灯会”投资人导演陈凯歌、演员舒淇、作家刘震云与监制陈思诚之间，他们与六位青年导演之间所碰撞形成的独特“幽默”与“看点”，以及人们对三轮短片的极大期待，而非“挑事式”的话题消费。

另一方面，行业服务类真人秀要处理好行业生态的模拟与行业风气的引领之间的平衡。行业服务类真人秀借助对行业现实生态的模拟来展现包括影视、戏剧等行业生存环境的残酷性，比如展现演员被选择的命运、上了年纪的女性演员窄小的演戏空间、导演在市场需求与个人表达之间的冲突等等。然而，艺术源于生活而高于生活，对行业生态的模拟不应过分凸显行业中的不良风气及其残酷现实，更不能将其作为观众消费的中心。对行业服务类真人秀而言，其真实性与冲突性来自现实的行业困境，因而对行业内在市场需求与个人表达、理想信念与现实挫折等多重关系及其困境的表现，应是节目冲突的核心，并能够以此展现节目对行业风气的引导与行业良性生态的价值构建。《开拍吧》中，青年导演们在自我表达、市场现实与专业评价之间如何平衡的问题一直构成节目表达的中心，如郝杰如何面对自我的“突围”，易小星如何改变人们的印象，以及沙漠与胡国瀚之间的“死嗑”到底等。又如《一年一度喜剧大会》对不同类型喜剧的推介，对喜剧编剧的尊重，以及对喜剧人现实生存的困境给予充分的人文关怀。又如《戏剧新生活》对戏剧人的生命信念的表达等，使人们不仅关注一种新的文艺类型，更关注一种不熟悉的行业的发展状况。

随着行业服务类综艺真人秀作为一种新的综艺类型的兴起与发展，我们期待未来的节目都能够真正立足和围绕行业服务，少些流量消费与话题炒作，而能严肃而专业地讨论行业面临的问题，展现行业从业者面临的困境与信念，更能够引导行业的发展风气，倡导良性的行业发展生态。

第五章　网络综艺反思的三个维度

近年来，随着明星天价片酬的出现、海外节目版权提价、主管部门限娱令的升级，以及广告资源向互联网的转移，电视综艺节目的制作生产成本节节攀升；而另一方面，移动互联网的发展、大众屏幕观赏习惯的形成、观赏时间的碎片化和欣赏品位的个性化等，又带来移动视频产业的繁荣。2014年爱奇艺《奇葩说》第一季的热播和广泛的话题性，开启了近几年网络综艺的火爆局面，单2016年腾讯、优酷、爱奇艺、芒果和乐视五大视频网站自制的网络综艺的数量就超过59档。然而，在网络综艺以其符合年轻人需要的独特风格和个性内容获得越来越多人欢迎、点播量动辄过亿的同时，真正能够引发网民关注、引发热门话题、获取商业盈利的节目屈指可数，这是网综产业表面繁荣之下的生产过剩。与此同时，数据造假、内容抄袭、尺度过大、明星审美疲劳等问题，也引发了人们的批评以及相关监管部门的注意和整改要求，凸显由版权原创、表达内容、文化品质所构成的网络综艺中国形象问题。

从总体上看，我国网络综艺存在一系列问题：首先是电视综艺时代在人才、创意、文化的专业化和产业化上所存在的问题的延续，因而网络综艺的问题本质上是对电视综艺所存在的问题的重复；其次，爆款网综所带来的新型文化样态及其存在的问题则反映了网络综艺对于互联网的媒介特质与文化新质的理解和运用方式及其误区。它们集中体现在内容创意、文化尺度和明星消费三个层面。

一、内容创意：从“清奇”个性到“猎奇”误区

以“清奇”的画风来凸显网综内容的年轻化、时尚化和个性化，是《奇葩说》第一季所带来的网综风格，并迅速流行，成为时下网综视觉表达和内容创意的主导模式。所谓“清奇”画风，即是以一种轻快、明丽的视觉效果，二次元拼接的内容风格，极富个性的角色表演和话题来表达年轻一代的精神个性、文化身份和价值取向。鬼畜、脑洞、弹幕等二次元元素与节目内容的混剪，来自网民投票选择的议题，以马薇薇、范湉湉、肖骁为代表的不同于主流人群、具有边缘性格和身份的个性鲜明的角色，及其角色塑造所展现的话语风格、行动姿态和价值表达，共同建构《奇葩说》的内容创意和节目个性，并为网络综艺的中国原创提供了最基本的视觉形构、话题语域、角色配置和价值取向。它为网综的互联网特质提供了标准化的配方：奇葩的角色与奇葩的话题满足年轻一代网民“酷”的文化身份的表达需要、充满情绪张力和亚文化修辞的语言成为年轻网民建构文化资本的快感源泉、话题的互动和网民意见的回应和调整凸显年轻一代文化消费的社交特性、对虚拟时空的营造和游戏过程的虚拟适应年轻一代虚拟化生存的文化现实，而这也正是“清奇”之“清”的另一含义。《奇葩说》的成功，在于对上述视觉、话语、角色、话题、情境等多层次内容、风格和价值的整合，充分挖掘边缘性个体、“奇葩”式人群的多元选择的合理性和价值选择的包容性，在一条基本的人类底线的基础上，去反思、质疑我们习以为常的价值表达背后所可能存在的重重问题。以辩论选手为主体，由极富个人演绎能力的奇葩选手、充满智慧和情感影响力的奇葩导师共同建构了观点和价值的不同风格和层次，善于把每一个看起来似乎怪异的议题（如“老板是傻×，要不要告诉他”）导向人类普遍存在的困境或文化命题，从而在充满个性化的故事演绎和观点表述的背后，实现价值

观的提升和输出。节目冠名费用的节节攀升、节目口碑的网络传播、微博热门话题的持续上榜以及其对网民价值观所带来的积极的影响，显示《奇葩说》的成功不仅是商业的成功，也是文化的和价值的成功。无论是网民的喜欢还是主流媒体的肯定，都共同说明了网综内容的无限前景。在高晓松、蔡康永等名人和每期邀请的热门明星嘉宾的加持添彩之下，《奇葩说》在短时间内推红了一批原本大众知名度并不高的选手，并以“如何说话”为核心，打造了《好好说话》《黑白星球》《饭局的诱惑》等相关内容输出的产业链，成为当下网络综艺突破电视综艺困境的一种可能性的路径。因而《奇葩说》火爆之后，大量模仿、复制其节目模式的网综的跟风涌现，尤其是集体脱口秀类节目在网综类型中的凸显，使网综内容创意的问题得以凸显 。

以同样成为爆款的《火星情报局》为例，该节目以混在人类中的“火星特工”为主体，采用国会提案的形式来引出节目的讨论议题。“今天，在每一位地球人的身边，都可能有火星情报局的特工在行动，他们从奇妙的角度，以特异的思维，理解着地球人生存的世界”，这是一个非常好的节目创意和内容视角，以外星人对地球人的这种“陌生化”的思维来更好地理解人类自身，从而让很多人类自身习以为常、在“熟视无睹”的“麻木”中不自知的行为重新获得审视和观察，娱乐与文化、快感与思想并行不悖地进行。外星人视角具有非常丰富的流行文艺资源可以提供内容的开发，比如在《三体》中，来自三体世界的外星人由于其思维的直接性对地球人的那种转弯抹角的思维就无法理解，又比如在《来自星星的你》当中，来自外星球的人对于人类的好奇和人性的绝望，这就为节目内涵的深度提供了一种可能性的思考方向，而火星文与年轻人的话语个性之间的网络文化，也为这一节目的话语形态提供了重要的资源。这就需要节目在这一创意的基础上，将议题设置、角色造型与价值表述很好地与这些资源和创意实现有机融合，形成充满个性的节目创意。然而《火星情报局》并没有对此展开内容创意的研发，在一个虚拟的情境中，实际上沿袭了湖南卫视《天天向上》的节目惯性，并借用《奇葩说》的“清奇”外观，形成以卖弄各种“污力”、讨论各种“无厘头”话题的庸俗节目。诸如“双手摩擦12秒会有鸡屎味”等议题就充满“无厘头”，完全只是为了引发一种狂欢化的娱乐，议题本身缺乏可以深入讨论的空间，而有的议题，如“薛之谦人红歌不红”却变成对薛之谦歌曲的推广活动，又如“恐怖片可以让人减肥”的议题最终停留在沈梦辰与杜海涛的关系上，再如“红包是更有效的沟通方式”最终变成明星之间发红包的游戏。这其中不乏可以深入讨论的议题，话题的深入挖掘也可以引发观众的共鸣，但由于过度的明星娱乐化、语言的污化和氛围的狂欢化，使得议题本身也徒为一种引发明星八卦或表演的引子，而让议题、议会的形式徒有其表，无法真正构成节目内容创意的有效激发形式，节目的形式也沦为一种缺乏实质内涵的表面形式而非内在于节目内容的形式。而这带来的问题就在于情境无法真正形成角色的形塑，参与提案的明星和网红的角色个性在节目中仍然极大地遵循其在其他节目中的状态，消费的仍然是现实中的娱乐话题。明星资源的有限以及话题的重复，就导致相似的梗在不同节目中的高重复度，节目之间的类似也就不可避免。与此同时，在话题的引导和提升方面，由于节目的主体处于一种失控的狂欢之中，任何总结和价值表达都会带来思想性与娱乐性割裂的问题，思想性的出现必然与前面形成强烈的反差，导致观众感受上的“说教”，从而使娱乐性与思想性格格不入，成为节目思想性提升的障碍。与之相比，《奇葩说》在节目的开展过程中，不同个性的丰富观点的碰撞和展开，为最终导师的总结和提升形成很好的铺垫，使得这种总结提升水到渠成，达到娱乐性与思想性相互交融的综艺胜景。

“清奇”是一种创意和个性，是建立在互联网年轻一代追求个性的心理需求之上的创新。尽管《奇葩说》在议题来源、视觉效果、话语风格和角色类型上具有可复制性，但真正的创意需要在具体节目虚拟的、假定的语境中来重新建构话题讨论的角度和深度，形成具有整体差异性的角色类型和价值表述的方式，从而产生不可代替的内容创意的核心竞争力。这就意味着，网综内容创意开发的网络互动度、议题互文度、节目价值内涵所可能达到的深度、节目整体和细节各个方面设计的精细度、符合不同受众需求的丰富度，以及使思想性、情感性、娱乐性、时尚性、独特性等不同层次内容实现有机融合的融合度，是网综节目创意开发所要达到的“六度”标准。这对网综的内容创意来说，就必须立足于其核心创意来进行多层次的挖掘，而不是急功近利的浅层次创新与深层次模仿。不可否认，资本推动下的急功近利、消费意识形态扭曲下对娱乐的快感化理解，都是导致内容生产创意性匮乏的原因，同时也就成为产业性困境的表现：这种对作为创意和个性的“清奇”的急功近利的跟风和模仿，在丧失了“清奇”作为网综文化逻辑的内核的同时，猎取其表面的浮华要素，并将其无限放大，最终导致为奇而奇的“猎奇”误区；由于对内容创意挖掘的深度和精度都不足，进一步导致了好的创意和资源的损耗，不仅使节目的内容品格无法提升，而且还有走向庸俗化和恶俗化的趋向。

二、文化尺度：从“网感”基因到“污力”过度

网络综艺要有“网感”，这几乎构成业界的共识。但对网感的理解却存在不同的意见：有的凸显媒介和科技的特质，强调网综的直播优势、互动参与及大数据基础；也有的凸显其大片式生产的“纯网综艺”的专业性；更有人将互联网上各种杂乱的风格拼贴和出格行为视为“网感”的表征。

正如麦克卢汉所说的“媒介即信息”，互联网时代带来了人类感知方式、社交关系、情感结构和社群组织的整体性变化，比如即时互动参与的加强、对中心和权威的消解、认知框架上的链接路径的重构、媒介的碎片化和场景化等，并由之产生草根精神、多元价值的包容与尊重、对中心和正统的消解和颠覆、知识系谱和文化资源的拼贴和杂驳、文化内容的社交化特质等。因此，“网感”本质上是由媒介特质的变化所带来的文化感性

的变迁，突出地表现为各种风格迥异的网络亚文化，并建构一套不同于主流文化的话语和符号体系，“成为网络文艺表达风格、符号意义和快感逻辑的基础”，它以“屌丝”“土豪”“杀马特”“小清新”“文艺范”等符号表征趣味意义与身份政治的差异，建构身份认同与阶层区隔；并“以‘萌’‘腐’‘污’‘吐槽’为代表的表达风格和审美取向，建构了网络文艺快感意义的崭新模式”①。近年来引发关注的热门影视剧，像《太子妃升职记》《上瘾》《十万个冷笑话》《万万没想到》《琅琊榜》《花千骨》等，无不以耽美基腐文化、吐槽文化、御宅亚文化等为基础。

从网综产生的反响来看，它不同于电视综艺，网综让网民喜欢并不断制造话题的关键就在于它是扎根于网络青年亚文化的肥沃土壤，并在内容的进一步生产和传播中发展并创造新的青年亚文化。如果不是对网络青年亚文化及其内在的价值文化的充分理解和准确表达，《奇葩说》不可能具有如此巨大的成功。正是在对互联网媒介文化基于互动的技术维度、基于边缘的文化维度、基于多元的思想维度和基于二次元的审美维度的充分发挥的基础之上，“腐”“宅”“萌”“污”等文化被熔于一炉。此外，充分发掘吐槽文化、拉近明星距离的《吐槽大会》，将二次元暴漫文化作为形象塑造和语体表达形态的《暴走大事件》，将桌游文化、真心话游戏等游戏形态融入节目形态的《饭局的诱惑》，以及把卖萌卖腐发挥到极致的《拜托了冰箱》等，共同表征着年轻网络人群表达个性、追求真实和包容多元的新的价值观，具有积极的意义。

对“网感”理解的差异产生不同网综生产模式，在带来网综节目表达形式的创新和活力的同时，也存在文化尺度上的误区。最明显的表现就是将互联网视为激发欲望的场所，过度凸显欲望化修辞在内容表达中的作用，从而使网综节目沦为“污文化”的重灾区，如脱口秀语言中的一些污言秽语，它们中既有费玉清充满性暗示的“嘿嘿嘿”，也有马东将广告效

① 郑焕钊：《网络文艺的形态及其评论介入》，《中国文艺评论》2017年第2期。

果与性暗示相结合的“快到飞起来”，更有大量利用语言的多义性所造成的性联想（如“下面给你吃”“你上还是我上”等），甚至有大量粗俗的“屌”“逼”等敏感词，显示了网综“污文化”的不同层次——文化性的与身体性的，暗示性的与直接性的，隐喻性的与直白性的。不同网综角色通过身体行为姿态上的性行为的模拟性（如《火星情报局》中薛之谦和钱枫在舞蹈动作中模拟男男身体上的性行为，从而形成“枫之夫夫”的cp），甚至通过节目的情境（如《姐姐好饿》节目的名称就暗示了肚子饥饿与性饥渴的双重含义，而节目中小S与男嘉宾在厨房、饮酒、演戏等情境中有各式性撩拨和性骚扰的行为）来表现污文化，从而迎合年轻受众的欲望满足和身体消费。

从近年来遭受下架整改的网综节目中，我们可以清晰地看到网综凸显欲望化修辞的若干特点：首先，过度滥用网络亚文化并将其污化，引发狂欢，损耗亚文化的积极的精神能量；其次，以“污”引发眼球效应和话题效应，将其作为网综节目的营销手段，片面传播污文化。这种对网络亚文化中的欲望化修辞的过渡滥用正是网综内容生产低俗化的重要原因，而其背后推力，正是消费主义。因而在我们批评网综污文化的同时，还需要正视网络污文化兴起的媒介条件和文化精神，从而更准确地把握网综内容生产的文化尺度。

网络污文化的兴起，是网络亚文化与消费主义两者合流的结果。人类对身体的性的话语狂欢，本来有着人类学的根源，是对性禁忌以及文明社会对身体与性的压抑和控制的一种反抗，因此身体性话语的表达在传统社会中，往往具有口语性，是民间社会和私人之间交流的一种不可或缺的形式，但在公共行为中是被监控、抑制和禁止的。巴赫金在对拉伯雷的小说的研究中所提出的“狂欢理论”，就是根据民间社会狂欢节中身体颠覆性消费的行为提出来的。互联网所带来的语言表达的较为自由的空间，同时带来了两方面的变化：其一是公共性与隐私性之间的边界的消解，其二是语言表达的口语性与字面性的模糊。这两点实际上为以身体性话语为最主要内容的污文化在网络上的形成提供了最为重要的条件。

网络污文化成风，既是满足人类生理需求的结果，同时也是网络亚文化内在代际更迭的重要表现，是网民对于“小清新”文化的不满和对抗之后的产物。可以说，“摒弃物质追逐、标榜自我内心感受力”的“小清新”的出现，是年轻一代对于用物质和名牌堆砌“品位”生活，又“宣称自己患上了现代城市特有的‘孤独病’的小资们的虚构和空洞的批判和唾弃之后的结果”[①]。“小清新”之“小”就在于其以一种小情小调、小哀小伤引发年轻人的共鸣，并隐约透露出对幸福的渴望、对未来的向往和期待、对温暖氛围的迷恋，这些对于年轻人而言都具有“疗伤”和“治愈”的功效。但与此同时，“小清新”们又有着一种内在的矛盾，他们极力反对拜金，却在不知不觉间走上拜物的道路，陈绮贞的唱片、安妮宝贝的散文、岩井俊二的电影等“精神食粮”，还有LOMO相机、帆布鞋、长裙子等必备的外在装扮，都成为一个标准的“小清新”的标配。另一方面，他们“喜欢思考爱情、青春、理想和人生等形而上的问题”，“对于个人的小世界永远有说不完的闲言碎语、絮絮叨叨”，却“对外部世界和社会现实表示出惊人的冷漠和不感兴趣”[②]。这种自我矛盾是“小清新”及其文化越来越引发大众指责和批评的关键所在。早在2007年豆瓣上就成立了一个“最烦小清新”小组，在其宣言中对“小清新”冷嘲热讽：“明明自恋狂，非说低调不张扬。明明煽得腻，非说一个人沉溺。明明像潮水，非说小众非主流。明明不用脑，非说用心去思考。”[③]人们反对“小清新”的“软弱、虚伪、矫情”，他们不再代表个性，而成了“装”“假”的代名词。因而在网上我们看到了“zhuangbility”的出现，以“小清新”的审美

① 行超：《不合时宜的“小清新”》，载蒋原伦、张柠主编《媒介批评》第五辑，广西师范大学出版社，2013，第113页。

② 行超：《不合时宜的“小清新”》，载蒋原伦、张柠主编《媒介批评》第五辑，广西师范大学出版社，2013，第117页。

③ https://www.douban.com/group/anti-indie/.

作为主体风格的“绿茶婊”也成为人们嘲笑的对象。这些为网络重口味的污文化的出现提供了非常重要的网络文化土壤，呈现了当代年轻人对于虚假、矫情的反叛，贯穿着追求真实的网络文化的发展的内在驱力。

然而，污文化在追求所谓“真实”的同时，却不断走向下半身的“降格”文化，成为各种低俗文化轮番上台的遮羞布，并走向价值的负面。如果说“小清新文化”是将自我隐藏于忧伤的情绪中进行自我治愈和保护，那么污文化的受众则是在对修辞上的“机巧”和“智慧”的回应中，将自身躲藏在隐私性快感的领域，在纾解社会规范性压力的同时，沉溺于由话语和视觉所建构的身体性狂欢之中。它在撕下“小清新”用以纹饰的遮羞布的同时，并没有超越“小清新文化”对社会和现实的漠然，而是从个人的精神小世界进一步降格到充满着赤裸裸性快感的私隐性领域。与吐槽文化所表现的对于自身的明哲保身，表情包文化所呈现的语符的暧昧性一道，污文化将身体快感视为释放自我真实性的文化逻辑，共同体现了互联网时代人们所具有的妥协性的精神症候。

与电视综艺一样，网络综艺也承担着审美、认知和思想等多层面的文化功能，当下网络综艺对欲望化修辞的过度运用，虽然在一定程度上满足了受众的娱乐性和情绪性需要，但却忽视了网络综艺在网络文化建设中所应发挥的作用，并可能导致对以青年亚文化为主体的原生文化资源的狭隘和片面损耗。这不仅不利于充满活力的网络媒介文化的充分发展，而且在大资本的推动传播之下，可能导致公众对网络文化的刻板印象和片面误解，不利于推动互联网青年文化与社会主流价值之间的良性互动和健康建构。过度欲望化修辞更可能招致批评、监管和扼杀的后果，从而对网络综艺产业的可持续发展产生不利影响。因此，对网综文化尺度的把握，不仅影响网综节目的品格，更是主流文化与网络亚文化能否以良性互动的方式创造新文化的基础，从本质上看，决定网综产业发展的未来。

三、明星消费：结构困境与转型路径

现代文化娱乐工业意义上的明星制，有着自身不可克服的矛盾："一方面，它导致明星与普通人之间有着太大的距离感，特别是具有影响力的明星，通常都会以高高在上的姿态出现；另一方面，也不可避免地造成了人为的行业垄断。"[①]而这种矛盾，在明星工业体制不健全的当下中国娱乐产业中，它以"天价片酬"的方式凸显了整个影视行业中明星资源的稀缺性和行业垄断性的结构性困境。

电视综艺发展中的大资本制作、明星天价片酬以及主管部门的"限娱令"，构成网络综艺兴起和发展的背景和机遇。网络文艺发展初期，以素人为主体的网综《奇葩说》和网剧《万万没想到》的成功，似乎让人看到了网络综艺摆脱大明星、大制作的结构性困境，而转为以素人为主体的新型模式。但真实的情况并没有往这一方面发展，从2016年主要视频平台生产的网综来看，纯素人网综仅占不到六分之一，而完全以明星消费作为主体内容的超过六成。大量网综仍是对已有成功电视综艺模式和外来版权模式的借鉴和抄袭，走的仍然是明星消费的老路。

以2017年初点播量最大的《吐槽大会》为例：首先这档节目仍然是一档非原创的节目，其节目模式脱胎于美国综艺《喜剧中心吐槽大会》（Comedy Central Roast），本质上是外来版权的本土化；其次该节目仍旧是以明星作为节目的主体，以明星娱乐新闻作为消费内容。这意味着，网综的所谓精品化和专业化，依然在重复着电视综艺的老路子，电视综艺的困境也终将成为网络综艺的问题。而事实上，由于互联网媒介文化的特质，即使是光芒万丈的明星，也需要从根本上适应互联网以消解权威性和神秘性为特征的平等化、日常化和喜剧化的叙事人格的建构。这就使得吐

① 孙佳山：《争鸣明星制、第三次消费升级、金融杠杆——粉丝文化，重蹈覆辙还是涅槃》，《文汇报》2017年3月10日第12版。

槽自黑成为触网明星展现其平等化、日常化和喜剧的最主要方式。这是互联网文化逻辑的运行对明星人格所带来的改变，因而我们就不难理解，薛之谦、大张伟、谢娜、贾玲、岳云鹏等成为当下网综中最为热门的明星的原因，而周杰、王琳等演员则因其鬼畜、表情包的亚文化因素而变身为网民喜爱的明星。《吐槽大会》作为一个最具有症候的文化样本，它从媒介文化的逻辑上，呈现网络文化中的明星叙事人格建构的新逻辑。由于有限的明星资源中，只有一部分更具有喜剧自黑精神的明星能够适应这种逻辑，这事实上加剧了明星资源的稀缺性和垄断性。何炅、谢娜等少数几位主持人和薛之谦、大张伟等少数喜剧性明星，在多个网综节目中的频繁出现，加剧节目之间的雷同性和观众的审美疲劳，使网综节目内容之间趋于同质化，背离多元的网络文化精神。

此外，移动网络播放的便捷、观赏时间的碎片化、弹幕吐槽互动等新的接受机制使网综节目能够规避电视综艺节目所面临的、由播放档期和观赏空间所带来的时空限制，以及由诸如“限娱令”等带来的政策的和制播模式的弊端，以内容的精彩丰富、多样差异和精准细分来吸引用户的注意和选择。这也就意味着，可以基于移动互联网时代信息传播的分众化和垂直化特征来创造和生产不同层次、不同类型的网综节目，并通过试验性和垂直化的内容生产，满足不同视听分众市场的需求。如《罗辑思维》《圆桌派》《见字如面》等获得较好口碑的网综节目，它们或以知识分享、或以文化杂谈、或以情感记忆作为垂直内容的核心，专门针对文化层次较高的受众，以相对低廉的制作成本、精准的市场定位实现分众内容的类型突破，从而在一个电视综艺“资本为王”的“大片时代”中，在互联网上有效弥补综艺内容多样性缺失的问题。这不失为当前网综更为可行的选择曲径。

但是，除了上述少数文化类节目实现了真正的垂直化制作，其他打着垂直化生产名义的网综节目，从本质上仍然在进行明星话题的消费，因而呈现出垂直生产方面的困境。以《拜托了冰箱》《姐姐好饿》《饭局的诱惑》等饮食类网综为例，其实质仍是将冰箱、厨艺、吃饭作为“引子”来消费明星不为人知的日常生活，与其他类型的综艺并没有本质性差别。在这些节目中，基于特定垂直内容的叙事情境并未激发出从这一情境出发的，具有从内容类型、话题特征、形式设置和表演人格相一致的、内在逻辑自洽的叙事建构、娱点设计和价值内涵，未能就垂直内容与大众日常生活之间的关系进行多层次挖掘。以明星作为节目的主体，并对明星话题进行消费依旧是这类节目的最基本模式：冰箱探究的是明星的日常生活和“怪癖”“陋习”，厨房做菜的目的在于诱出明星不为人知的情感和故事，而饭局真假话游戏则是探究明星之间的私人关系。纵使节目中不时加入一些素人网红，以提升节目的“网感”，但他们在节目中的出现无一例外地都是作为明星的绿叶点缀，未能形成自身独特的角色化特征。而由于网综节目造星机制的薄弱，即使在某些节目中，素人网红拥有较好的表演机会，但在明星光环的衬托下，显得平淡而不让人产生惊喜和期待。以《暴走法条君》为例，由于该节目整体格调不高，虚拟的法庭情境仅仅沦为分组表达观点的形式，导致节目创意的平庸；在两名明星嘉宾的“律师团团长”之外，虽有多名网红参与发表观点，但由于法庭情境的创意逻辑和议题特征未能凸显出来，使得该节目缺乏议题的讨论导向和价值导向；由于串场明星嘉宾并没有专门围绕节目情境逻辑塑造角色和议题引导，导致网红们在节目中观点平庸、表演平淡，未能成为节目亮点。

网络综艺节目对明星消费的结构性困境的重复，与明星所具有的流量担当、资本的急功近利有关。但更根本的原因，是由我国娱乐综艺机制的不完善、不成熟所带来的从内容研发机制、明星培养机制到产业人才基础等方面的系统性问题。因而对这一问题的解决，必须从根本上立足垂直内容的原创研发，并探寻建立适合于互联网文化逻辑、媒介特质和消费特征的新型造星机制，才能规避按照黄金档电视综艺节目拼资本、拼明星、拼大众的生产模式的缺陷和弊端，带来网综内容生产的中国原创。因此网综的转型只有在如下两个方面进行突破，才有可能从对电视综艺困境的重复中突围。首先，要在内容生产上实现试验性和垂直化，满足不同分众视听市场的需求，从而在一个电视综艺“资本为王”的“大片时代”中，弥补综艺内容多样化的缺失，并以低廉的制作成本、精准的细分受众实现盈利和口碑的双赢，突破内容创意的困境。其次，互联网媒介所带来的叙事人格的平民化、日常化和喜剧化的转变，为网综在“明星、素人”人格的叙事建构上提供了内在驱力，借助网络经济打造素人网红产业链，以网综实现对素人网红的内容提升和审美提升，从而建构独具网感的网综内容生态，才能实现综艺的素人化转型，突破明星消费的难题。《奇葩说》通过导师对网红选手的观点和价值的提升，并通过专业化的明星培训方式来塑造其强烈的个性和魅力。《爱上超模　第三季》有一半网红模特，以专业模特来引导网红模特，以竞争情境塑造一个超级模特的成长故事，职业化精神的形成和坚守构成其核心价值的输出。以职业化、专业化、思想性和审美性的提升来促进网综节目素人化转型，正是这两档节目成功的基础。

总而言之，近30年来，我国电视综艺产业在内容创意、技术水平和人力资源等方面的不健全、不成熟，是网络综艺节目在内容创意、文化尺度和明星消费等方面存在问题的根源。网络综艺节目虽然善于以网络亚文化来创造适合网民的文化消费形式，但消费主义的推波助澜、资本的急功近利所导致的亚文化的滥用和误用，持续为网综节目带来低俗化、庸俗化和恶俗化等恶劣影响，共同产生中国网综产业、文化和价值的负面形象。因而，对网综节目的发展来说，唯有通过基于互联网的互动性和互文性，形成将深度、精度、丰度充分融合的内容创意，在把握好亚文化文化尺度的前提下，以垂直内容和网红提升来突破明星消费的结构性困境，从而以较高的故事创意的策划、丰富健康的价值内容的输出来开拓网综产业发展的新前景，建立中国网综的崭新形象。

第六章　国产网络剧的类型化探索

一、男频网文改编网剧缘何失败居多？

爆款网剧《赘婿》的原著小说是网络文学中具有较大影响力的名作，但其蕴含的男性读者爽文模式，也带来改编上的难题。因而从其播出伊始，围绕原作者“愤怒的香蕉”的不慎发言引发的争议与抵制，就成为网络热议话题。随着网剧的播放，关于其类型“破圈”、改编中的女性主义议题等话题，就一直热度不减。其豆瓣评分也经历过山车波动，收官后其评分降至6.6分。

事实上，除了《庆余年》等少数作品改编成功，包括《赘婿》《斗罗大陆》《斗破苍穹》《将夜》《九洲·海上牧云记》等主要面向男性读者的网文大IP的影视剧改编，在豆瓣评分上大多不尽人意，或高开低走，或低开低走，口碑一直难以建立起来。与网文原作的经典性与影响力相比，网剧改编一直处于比较尴尬的位置。

这批获得影视剧改编的网文IP，其原著小说往往具有较为广阔的历史社会空间和复杂的思想内涵、宏大复杂的世界观构设、对历史发展新的可能性的大胆想象，以及对文学传统的类型重构和文化传统的价值重建，使其获得较高的文学成就，深受读者喜爱，成为中国网络文学发展史上的“封神”之作。

不用说已入选“中国网络文学20年20部作品”，获得学界、业界和读者共同肯定的《斗罗大陆》《斗破苍穹》等在各自小说类型中所进行的开拓，单说文青作家“猫腻”的《庆余年》《将夜》《择天记》就“以‘爽文’写‘情怀’”，成为读者眼中的经典之作。其小说人物以“逆天改命”的无畏精神，对抗固有秩序，张扬自由民主正义的人本价值，以“五四”启蒙力量重建精神信仰。诚如邵燕君对《将夜》的评价，小说“力图在一个功利犬儒的‘小时代’，重写‘大写的人格’与‘大写的国格’；在所谓‘历史终结’之后，重建中国人文明信仰”。

作为网文界的“半部名著”，“愤怒的香蕉”的《赘婿》同样具有较为深广的历史和社会思想内涵。研究者吉云飞就认为，该小说具有较大的野心，试图以超长的篇幅和极大的抱负囊括以四大名著为代表的中国古典小说写家宅、江湖、天下的分型，“从家宅起笔，后破家入江湖，再进于庙堂，并超越‘分久必合，合久必分’的陈旧史观，借力革命历史小说，探讨早熟的中华文明，在穿越者的推动下是否有自我更新的可能。”

然而，由于影视大众化与网文受众圈层化的差异、影视媒介叙事逻辑与小说叙事情节推进的不同，以及两者在规模篇幅上的难以一致，影视剧要完全忠实于原著进行改编并不现实，网文IP的影视剧改编必须进行主流化的转译和媒介化的转换，以适应媒介、受众、市场等的多重需求。

面向女性读者的网文IP，天然契合“她经济”消费语境下女性占据较大比例的消费语境，其原作本身结构相对简单，以言情为中心的主题突出，围绕宫斗/宅斗形成权力争夺的快感模式的影视改编无须进行较大的类型转换。然后，面向男性读者的历史穿越、架空、玄幻类原著小说，其庞大的世界观构架、复杂的思想内涵和以男性读者为中心的爽感模式，如穿越重生为主导（历史的后见之明所带来的碾压式快感）、男权色彩较浓（一夫多妻）、对权力的过度追逐等，往往需要经历较大的调整，力图平衡好原著的世界观设定、爽感模式与市场受众。

因而在网文向以大众、商业为中心的网剧改编的过程中，生产制作者往往以“稳”为先，在对网文IP的改编中往往进行思想内涵层面上的“降维”与结构层面上的“重建”，谋求以某种商业通俗类型对网文复杂的历史思想脉络进行重新处理。

如《赘婿》为迎合当下以女性观众为主体的“她经济”影视文化消费潮流，谋求类型的“破圈”，以及满足影视剧内容题材审查监管政策的需要，将原小说中的满足男性读者爽感模式的内涵进行较大的改编：第一，借鉴《庆余年》在篇首将“穿越”处理为一种将现代价值观置于古代社会的小说写作实验的成功做法，在一开始就将“穿越”叙事置于网文作家因为签约平台的要求而进行重写的背景下，既凸显“虚构性”，又向观众交代了网剧类型的大调整；第二，强化原著中宁毅与苏檀儿之间的关系，将其转化为以轻喜剧和甜宠剧相结合的新类型；第三，对不符合现代女性价值观的内容进行了较大的调整，如设置以女为纲的“男德学院”，较大幅度修改了原著中宁毅与其他女性之间的亲密情感关系等。更为重要的是，为适合影视剧表达的需要，以及为续集提前埋伏线索，网剧对原著围绕人物为中心的单线推进、层层升级的情节模式改编为主线与副线齐头并进的情节模式，如武都线、江宁线与霖安城三线交叉。

这种改编，尽管能够更大程度上满足各种类型受众的需求，但却内在地伤害了故事原有的结构逻辑，削弱甚至篡改了原小说由之产生的精神价值的取向。

事实上，该类型小说的叙事逻辑、快感模式与其价值内核有着不可割裂的内在整体性。叙事逻辑由人物个体与家族、宗派出发，进而由一家一地到国族、天下，空间移变、境界提升和价值重建，与世界观的逐级进阶是同步呼应的。比如小说《赘婿》中宁毅在江宁、杭州、梁山等空间的转换，叙事的重点也发生变化，宁毅原来甘于小富即安，逐渐从被动卷入到主动谋变，在此过程中展开对中国古代儒家治国、侠道江湖等价值观的反思与社会发展理念的重构。以人物为中心，单线推进、层层升级正是适应这一叙事的需要。而题材和类型的内在融合，也往往因故事发生的情境、人物成长的层次以及欲望快感的分阶而得到较好的处理。

网剧改编的问题就在于，其将小说复杂世界观进行简化、对单线叙事的情节模式的打破以及为迎合观众所进行的类型转换，牵一发而动全身，是对原小说复杂的历史社会内涵和价值意义的破坏。

如此改编的后果就在于：一方面，多线交叉、齐头并进式的情节模式的重构，使小说中人物居于一城一地所形成的叙事单元及其爽感价值模式的相对完整性遭到破坏，导致题材类型的不统一。如宁毅、苏檀儿的甜宠轻喜剧所带来的整体基调，因为霖安城中的动乱、武朝与靖国之间的战和之争而有所割裂。有不少观众就因为女主苏檀儿在多集中消失不见而不满。另一方面，由于复杂叙事的退隐，原小说爽文模式中所包含的价值观误区和难题得以凸显为主要矛盾，成为原著粉与新观众之间所可能激发的评价分歧。在网剧播放期间，几乎所有媒体评论都聚焦在其迎合女性受众所进行的符合现代女性价值观的改编，能否真正改变其本质上的“男权主义”的问题。

因此，对面向男性读者为主的网文大IP的改编而言，任何削弱原著宏大世界观设定与深厚的价值意义的做法都将得不偿失。它是网文人物行动、情境转换与人格成长、境界提升的关键。只有在充分尊重这一关键的前提下，进行有限的改编，才能保持叙事逻辑的统一。《庆余年》的成功，很大程度上归功于在充分尊重以叶轻眉、范闲等所代表的精神价值的基础上的有限改编。而影视化后的《将夜》，尽管其情节貌似忠实于原著，但由于将“穿越”改为“少年成长”，在本质上疏离了原著的精神，导致口碑下滑。《赘婿》的不甚成功，则是改编太大，类型转换带来了叙事逻辑的内在割裂与快感模式的难以统一。此外，对网剧每一季的情节规划显得异常必要。只有最大程度上保证每一季播出内容在叙事单元与快感模式上的统一性，并在原著整体风格基调上选择相应的类型模式，才有可能带来观众对内容的深度认同。事实上，尽管受众“破圈”可以实现最大的经济效益，但是与其生硬“破圈”，不如先在尊重固有类型受众的基础上将内容做好。

二、行业剧如何既专业又好看?

2021年，一部投入小、没有流量明星和精美服化道，却凭着环环相扣的剧情、精彩的台词、正确的三观赢得观众好评的古装法医探案网剧《御赐小仵作》，成为一匹爆款的黑马。而同期另一部同样没有流量明星，但因为专业水准高、在医疗伦理探讨上具有相当深度，被誉为“专业而精致”的医疗网剧《脑海深处》，尽管收获好评，却由于关注人数过少难以出圈。《御赐小仵作》与《脑海深处》不同的遭遇，为我们提供了探讨国产行业剧如何做到既专业又好看的契机。

长期以来，国产行业剧因其“挂羊头卖狗肉”的做法而备受观众诟病。以医疗剧为例，从2000年迄今已有近25部作品播出，但其中要么像《爱的妇产科》《心术》《最后诊断》等剧集，本质上是发生在医院的爱情故事；要么像《柳叶刀》《外科风云》等或充满着阴谋或复仇的主导线索，医疗情节及其冲突都是服务于主导线索的“功能”和“工具”；又如《儿科医生》这样立足医疗核心主题，但因为服化道以及人物表演等细节方面的粗枝大叶被观众无情嘲讽。从总体上看，国产行业职场剧的专业度存在两种明显的缺失：其一，行业职场仅仅作为叙事展开的空间，内里填充的仍然是谈情说爱、家长里短的故事；其二，尽管从主观上试图建立行业剧的叙事，并借鉴国外优秀剧集的类型融合的方法，但由于缺乏对行业职场类型剧的本体逻辑的深入认识，作为叙事线索的权谋或复仇最终凌驾于行业叙事之上，行业叙事单元成为辅助主线叙事和人物建立的功能性存在，缺乏独立的价值。真正服从于行业本体逻辑进行叙事建构，实现医疗行业剧的专业性的，只有《无限生机》和《脑海深处》等屈指可数的几部。

从专业性凸显的角度而言，《脑海深处》在国产行业剧中是值得高度肯定的。该剧在12集、每集30分钟的简短剧情里，通过两位争夺国家自然杰青基金的脑外科年轻医生——为人冷漠、认为手术不是解决病情的唯一手段的“独行侠”范旬，以及海归医生、倡导科技必将代替人工、推崇先进技术能够解决所有病情的“手术狂”岱一山——在面对抑郁症动脉瘤患者叶锦锦溺水后脑死亡是否进一步救治、因过度治疗引发术后幻觉最终跳楼自杀的何希伦，以及对先天性髓母胶质瘤的五岁女孩“小北极”是否进行手术等众多病例中，治疗理念上的冲突、医疗的后果等，展现了范旬、岱一山、郭业、陈都都等医生群体的成长，并借助剧情深入地讨论了医疗人伦的复杂问题：在面对具体病人的时候，医生究竟应该严格遵守医疗规定，还是打破制度遵从个人内心？这种选择会对患者及其家属带来什么后果？……该剧的专业性就体现在：既通过剧中具体的病例故事为观众普及神经外科相关疾病的专业知识、展示神外科医疗技术的发展，又通过剧情冲突与观众探讨医疗伦理的问题，更汇集30多位各大医院神经外科专家顾问，在剧情推敲、剧集后面专家现身说法进行知识普及。因而，在视频弹幕、豆瓣评论和知乎评价中，观众对《脑海深处》的专业性都给予高度评价。但这样具有专业性的行业剧，却无法出圈，引发更大范围的关注，说明单纯依靠专业性并无法让行业剧走得更远。

与之对比，《御赐小仵作》的火爆并非偶然。该剧的出色之处，就是不仅仅以PPT式的严谨说明，构建古代法医侦查破案的专业性，而且很好地将专业性与悬疑探案的主导类型、楚楚与安郡王之间基于“专业”上的协作与赏识而产生的爱情线索等，实现了有机的融合。可以说，三者在专业性与观赏性的构建上相得益彰、相互增益。正是楚楚超人的验尸侦破能力不断地掀起更大的阴谋，而其自身复杂的身世之谜不断地推进叙事的进展，她与安郡王之间的情感推进，正是在上下级为侦破案件，以及因为身世之谜而相互试探的过程中产生。事实上，这种通过类型融合的方式来构建行业剧的专业性与观赏性的平衡，已成为行业剧的基本经验。《豪斯医生》通过悬疑与医疗的融合，惊心动魄而又扣人心弦地展现了豪斯医生面对疑难杂症的超强能力。《实习医生格蕾》则在医疗主导线索下，有效地将肥皂剧、爱情剧、枪杀剧等类型因素融合在一起。尤其第六季与第七季，因为手术失败，患者死亡所带来的创伤，逝者丈夫在医院实施枪杀暴力。这一事件所带来的生命体悟或脆弱感，既成为推动格蕾医生爱情发展的动力，但也给他带来严重的心理创伤，作为个体生命的医生自身的脆弱与救赎等涉及医学的生命伦理的命题，都借助这种类型的融合获得深度的讨论。

然而，类型融合并非医疗行业剧的唯一出路。作为医疗行业剧的经典，美剧《急诊室的故事》以高度纪实的风格、极快的节奏和丰富的故事细节，生动地讲述了一群急诊室医生在面对各类病人和繁重超时工作下所面临的种种人生、情感和价值选择的问题，以急诊室为一个生命聚焦的棱镜，展现了人生百态。作为中国版《急诊室的故事》，迄今获得最高评价的国产医疗剧《无限生机》正是充分吸收了《急诊室的故事》的纪实风格与叙事模式，该剧每集围绕至少三个重病人、四个以上轻病人的不同急救故事交错展开，通过快节奏的情节推进，高度真实地还原急诊室争分夺秒抢救生命的现实场景和紧张氛围，突出对生命敬畏的主题，书写了医生们“面对无数次死亡却不退缩”的勇气与成长以及病人“面对病魔却始终珍爱自己的生命”的命题。

相比之下，《脑海深处》在观赏性上存在的不足就很明显：其一，该剧在叙事的推进上不够成熟。一方面，相比于这些已成为经典的医疗行业剧奠基于医院这样繁忙而紧张的环境和氛围所需要的快节奏叙事而言，《脑海深处》的叙事节奏显得相对较慢；另一方面，剧情的推进和人物的出场依靠的是老实习生“锅爷”和其他人物的旁白，是一种较为低层次的“图解式”叙事，无法通过剧情和叙事本身来呈现和推进。对比《实习医生格蕾》中通过几个个性鲜明的实习生的视点共同建构的出场方式，《脑海深处》第一集的开场难以吸引观众留下来继续观看。其二，在叙事的类型融合方面，《脑海深处》中不同人物的故事线都缺乏相应的展开。范旬的爱情线单薄支撑不足，护士长的家庭与工作之间的矛盾冲突缺乏更好地丰富和推进，而像“船长”“岱一山”等，更缺乏其他生活的侧面。事实上，医疗行业剧的张力就在于生与死之间的人生百态和生命体悟的时时上演，其情感、隐私、背叛或欲望在极端情境之下或意外暴露，或真诚悔改，或寻求复合等所带来的人生的复杂面相和精神困境，成为该类型行业剧最具看点之处。固守于专业，而忽视不同人物因行业场域所影响的人生选择和情感状态，实际上就丧失了医疗行业剧走向更广阔人群引发共鸣的契机。

与医生、律师等职业相关的行业职场剧的本体逻辑就在于：其矛盾往往与社会现实问题息息相关。一般以医生、律师等职场精英为视点和线索，通过医院、法庭等具有事件集聚、高度冲突的职场场域来展现行业内在多层次的社会问题、行业伦理、人性冲突与精神困境等复杂问题；而主要的职场人物在行业场域与个人情感交织的线索中展现自我专业，体现人格成长，使职场行业剧具有鲜明的成长叙事和复杂的人生百态的特征。这不仅使其具有与其他类型进行多元融合的空间，而且具有戏剧冲突集中、社会痛点聚焦、叙事节奏快、人物成长代入感强、容易吸引观众、引发共鸣等优势。这似乎正是行业剧既专业又好看的密钥。

三、女性群像剧的“真实性”问题

2021年，《北辙南辕》与《我在他乡挺好的》这两部以北京为背景的女性群像剧，引发了截然不同的评价。作为冯小刚导演的第一部网剧，《北辙南辕》形成高期待与低口碑之间的巨大落差，被观众诟病为不接地气的“悬浮剧”，从开播至收官，豆瓣评分从没及格过；相比之下，咖位远远不如前者的另一部网剧《我在他乡挺好的》却好评如潮，观众在观剧过程中直呼“太真实”，该剧不仅引发了强烈的共鸣，而且引发了朋友圈各种各样的安利，豆瓣评分超过8.3分。两剧口碑一反一正，凸显了当下以女性群像剧为代表的现实题材影视剧创作中的“真实性”问题。

作为一个并非严格界定的概念，女性群像剧一般指展现三个或三个以上不同个性与身份的女性面临职场、生活与情感困境的影视剧。女性群像剧的产生，最早可以追溯到20世纪50年代的电视剧《一口菜饼子》，但真正奠定其类型模式的是2003年播出的《粉红女郎》和2004年播出的《好想好想谈恋爱》，而真正带动其规模化的类型创作的是2016年热播的《欢乐颂》，之后《我的前半生》《青春斗》《谁说我结不了婚》《二十不惑》《三十而已》等类型剧大量涌现。可以说，女性群像剧是随着中国社会城市化和消费主义潮流的发展而兴起的一种影视类型：几个不同女性或因同学、老乡的关系，或因为租房或工作的原因，在北京、上海等大都市产生了关联，在一种“姐妹情谊”的互帮互助下，共同克服“在他乡”所面临的各种困境，并因此获得成长。

此类型影视剧的“看点”聚焦在三个方面：其一，三个以上不同身份、性格、阶层和经历的女性，展现了当下社会女性的不同侧面，易让广大女性观众产生代入感；其次，不同女性在大都市所遭遇的现实困境，鲜明地展现了社会在城市化过程和消费主义潮流中新的阶层矛盾、性别困境与价值冲突；再次，在女性的“姐妹情谊”的背后，展现了一种立足于女性成长与独立的新时代价值观。在《三十而已》中，顾佳最终敢于离开丈夫开启自己的事业，王漫妮克服了自身对爱情与财富的欲望而寻求自我价值的提升，体现了女性群像剧的角色成长与对自我价值的认知；而在《摩天大楼》中，几个不同女性联合起来对抗男性的家庭暴力，实现复仇，也是以“姐妹情谊”对抗男性暴力的价值表现。

“女性”与“群像”，不仅作为一种让女性观众充分代入的观赏快感机制，更重要的是以某种女性集体的共同困境，在更为广阔的社会空间与阶层冲突中，展现当下社会某种普遍性的困境，以及在此困境中新女性及其现代价值观形成的逻辑与过程。因而，都市女性群像剧是一种极富现实主义色彩的影视剧类型。一部优秀的都市女性群像剧，既要展现身份、性格与命运不同的女性的鲜明个性，还要透过她们不同的命运深刻地揭示当下社会现实的某种困境和女性集体的命运，更具有现实导向的新价值观。

若以此为标准，冯小刚首部网剧《北辙南辕》并不是一部合格的都市女性群像剧。该剧的败笔之处在于缺乏对现实困境的真实表达，以及其充满问题的价值观。尽管该剧编剧在访谈中标榜所写女性及其生活在现实生活中皆有实例，但观众并不买账，认为其不接地气，“悬浮”于生活之上。这里的“悬浮”并非指该剧表现的是远离一般观众的一群富人的生活，而是指其人物困境缺乏普遍性与真实感。

实际上，文学影视作品的“接地气”，从来就不是说它们必须只能表现普通人的生活。那些能够进入世界经典的优秀文学艺术作品，往往因为其表现了非常人生的极端处境，从而开拓出了人性最丰富复杂的层面而获得其成就。也不是说只能以一种写实的手法来表达，喜剧、荒诞、夸张，从来都是表达更高真实性的有效技巧。文学影视叙事的“接地气”，更主要指的是人物命运与戏剧困境的时代必然性与合逻辑性。作为国产女性群像剧的鼻祖，2003年播出的《粉红女郎》，尽管充满喜剧色彩和夸张成分，其对消费主义潮流下都市新女性精神世界的表达却是有力而充分的。《三十而已》尽管也存在人物标签化的问题，但其对当下社会中“30+”女性，尤其是中产阶层女性在家庭、婚姻与事业中所面临的困境的表达，也契合了社会普遍性的痛感。

《北辙南辕》的问题不在于其表现了有钱的北京人的生活，而在于人物所面临的困境及其解决缺乏必然的生活与艺术逻辑。无论是司梦丈夫的“出轨”及其面临的所谓“生活危机”，还是戴小雨面对澎湃的重新追求在爱与现实中所进行的抉择，又或是鲍雪与俞颂阳在爱情与事业（信仰）之间的取舍，不仅在叙事推进上极不充分，更重要的是这些困境都缺乏生活的必然逻辑。以司梦为例，编剧意图通过一场“丈夫出轨”的危机让她发现自身过度依赖家庭导致自我价值的丧失的问题，从而寻找自我的生活。但无论是作为危机发生条件的这场因实习生无法留下来而编造出来的出轨陷害，还是危机感产生的深层原因那个令人羡慕的幸福家庭本身，都因缺乏真正的矛盾冲突和生活逻辑，而让人无法信服。

至于矛盾的解决，剧中也过多依赖于某种极具“金手指式”的开挂方式让矛盾轻易化解。如司梦轻易就获得写作的成功所带来的自我实现的出路；俞颂阳攀岩成功解决了鲍雪与他之间存在的幸福生活的矛盾；戴小雨靠着一张嘴轻易获得高薪工作，在失去生育能力后奶奶的遗产与自己的爱情轻巧地降临……在生活与艺术逻辑缺失之下，困境不“困”，难题不“难”，矛盾就如此轻飘飘地获得了消解，观众又如何从中产生共鸣？

而这种金手指式的解决问题的快感模式，使人物的成长显得极其虚假。鲍雪牺牲自身专业成长的机会（为了男友的底线而放弃拍摄艺术片）以成全男友攀岩的成功，这难道不是对男性价值的屈从？同样，尤珊珊式的“不能将青春明码标价”难道不是以损害女性利益作为基础？尤珊珊、冯希的自我救赎也不过是借助于男性来实现。这与《欢乐颂》中女性最终仍然需要男性救赎在本质上如出一辙。

与之相比，同样书写北京这座都市下的女性命运，《我在他乡挺好的》不仅因为其在角色塑造上，选择了那些为了留在北京，苦苦挣扎着、奋斗着的普通女性——奋斗多年事业仍无法上升的乔夕辰、尽管努力却因背后没有资源而被辞退的抑郁症患者胡晶晶、事业有成但因患病和单身缺乏安全感的纪南嘉，以及满足于爱情小世界但经不住外界女性消费诱惑的许言，因而更容易引发人们的共鸣；也不仅因为其在叙事细节上做到了极致，像挤在拥挤的地铁、遭遇房屋中介诈骗、奇葩合租室友、半夜加班打不到车等场景易引发观众共情；还因为其深层次地揭示了北漂女性的集体性困境——在寻找胡晶晶自杀真相的暗线推动下，该剧不仅揭示了将胡晶晶推向抑郁与死亡的各种社会动因，还立体展现了这些女性为了让自己不被裁员还能工作再进一步，或者为了在同事间活得更加“体面”，或者为了在这种庞大的城市中获得一份安全感而不无艰辛且焦虑地生活的状态。在略带晃动的镜头纪实风格之下，剧集细节丰满的铺垫、人物情绪准确的演绎以及每个人陷入外部压力与内心价值之间的失衡，这一切都无比真实地展现了这个时代大城市年轻人的精神状态。

难能可贵的是，这部剧在书写女性现实焦虑的同时，并不屈从于现实：纪南嘉在面对婚恋、买房与生育焦虑之后的释然；许言在经历“包包”“整容”等焦虑之后慢慢成长；而乔夕辰也逐步走出工作事业的焦虑，从焦虑价值观中出走而实现多样的价值追求。该剧同时也书写了各种“打工人”之间的善意，经历苦难而相互理解的过程。这一切让《我在他乡挺好的》充满了人文价值。

一段时间以来，由于受到网文改编影视剧的叙述模式的影响，不少现实题材影视剧徒有当代背景，其内里仍然是“金手指式”的开挂人生和快感模式，缺乏扎根于生活的现实逻辑及其精神价值，成为一种“伪现实主义”创作。创作者恰恰忽略了一个关键问题：观众不仅需要影视剧提供逃离现实的幻想空间，更需要通过影视剧理解比日常更本质的现实世界。观众对“真实感”的呼吁及其共情共鸣的反应，恰恰是对虚假快感模式的不满。《北辙南辕》与《我在他乡挺好的》截然不同的命运，根源正在于此。

第七章　“悬疑+现实”类短剧与当下网剧发展趋向

一、网络短剧精品化：趋势与方向

网络短剧并非一个崭新的概念。可以说，对短剧创作的需求，是伴随着网络新媒介发展所带来的内容形态重构和商业模式构建而产生的。

网络使用场景的移动化和碎片化，使以每集时间短小（10分钟以内）为特点的迷你剧一直被视为适应网络时代用户观赏习惯的内容形态被各大网络平台不断进行尝试，成为早期人们所认为的网剧形态，如2014年优酷自制网剧《屌丝男士》。近年来，为应对抖音、快手等短视频平台所带来的视频观赏习惯的挑战，包括《生活对我下手了》《导演对我下手了》《通灵妃》等竖屏短剧成为寻求网络特质新内容的探索。但该类型由于内容过于碎片化，难以满足人们对完整故事的渴求和更高层面的精神娱乐需求，加之存在盈利模式难以构建的问题，因而无法成为网络短剧发展的主导方向。

相比之下，每集40分钟左右、集数在30集以下的精品短剧的发展更代表网络短剧发展的主要方向。近年来，由于市场环境等因素，尤其是演员天价片酬等原因，影视剧制作成本不断攀升。传统电视剧按集购买的单一模式，使得影视制作方不得不以“注水”的方式拉长剧集数量，摊薄制作成本，这就促使剧集“注水”现象愈演愈烈；与此同时，观众对剧集“注水”现象深为不满，在网络平台以2倍速观剧成为这一现象颇具讽刺性的一面。剧集的“注水”与观看的“倍速”反映了国内电视剧存在的结构性问题，是观众对于优质的剧集内容的需求与影视制作内容无法满足这一需求的矛盾的体现。面对这一矛盾，国家广电总局于2020年3月发布《关于进一步加强电视剧网络剧创作生产管理有关工作的通知》，将发展短剧创作作为电视剧网络剧质量提升转变的关键，提出反对内容“注水”，规范集数长度，“提倡不超过40集，鼓励30集以内的短剧创作”的倡议。

随着网络平台影视会员付费模式的形成与发展，视频网站争夺优质影视内容、降低内容成本、提高会员拉新等需求，正在逐渐改变传统影视剧通过版权购买与广告分成的商业模式。对视频网站而言，通过平台自制、分账模式等实现以独家优质内容吸引用户注册付费成为其竞争的关键。网络平台较为灵活的付费分账模式，使网络剧与电视剧在商业模式上具有了新的优势。爱奇艺的相关数据显示，短剧对网络用户的拉新要高于长剧。而无论是从制作成本、盈利风险还是拉新效果等方面看，精品短剧相比于传统长剧都具有较大的优势。这就使网络剧更加关注自身的优质内容而非其长度。可以说，网络视频平台的分账制度正是推动影视剧内容向精品化短剧制作转向的重要驱动力量。

早在2017年底，12集《无证之罪》的成功让人们看到了网络精品短剧发展的可能空间。此后，各大平台与影视公司纷纷布局网络精品短剧的生产，相继立项并完成一批网络短剧的制作，正是过去两年的布局使2020年网络短剧获得了爆发：已经播出的《唐人街探案》（12集）、《危险的她》（14集）、《不完美的她》（22集）、《我是余欢水》（12集）等，使网络短剧成为2020年的一道景观。而在政策推动下，各大平台更是加大网络短剧的制作力度，2020年筹备的短剧就超过30部，其中《摩天大楼》《白色月光》《在劫难逃》《非常目击》等超过10部网络短剧在年内上线。毫无疑问，2020年是网络短剧发展的元年，大量网络短剧的爆发，将极大改变网络剧的内容生态，成为网络剧发展的新趋势。

纵观当下国产网络短剧集市场表现，头部影视制作力量与一线演绎大咖“入局”、播出平台和制片方进行深度绑定、赛道逆袭收获高评分、题材故事向现实生活拓展等，代表精品化的主要方向。以《我是余欢水》为例，该剧由专业制作团队东阳正午阳光影视有限公司和爱奇艺联合出品，头部影视制作人侯鸿亮、杨蓓等担任制片，郭京飞、高露等演技派演员主演，使剧集保持较高的专业水准和表演质感。在题材上，以“社畜”余欢水在婚姻、家庭、友情、事业、健康等各个方面所面临的中年危机为着力点，通过扎实的生活细节、细腻的性格表达以及以简驾繁的叙事表达，使观众产生了“人人都是余欢水”的广泛共鸣，中年危机的现实题材及其细腻表达正是这种共鸣产生的基础，也是快速带动观众进入故事世界和话题互动的关键。但剧集的成功，更得益于其“现实题材+网文爽感”的逆袭叙事模式，余欢水在丧到极致之后的奋起反击和命运逆袭，为观众制造了梦想的幻觉，而其黑色的社会反讽，在一定程度上帮助观众发泄对现实的不满。这种爽感机制尽管削弱了网剧所具有的现实主义力量，但其爽感宣泄的效果则能够保证商业上的成功。

概括地说，高共鸣度的“现实题材+网文爽感”的叙事模式，是《我是余欢水》成为“全民爆款”的关键。网络短剧如何解决播放周期短、话题发酵周期短的困境，是国产短剧市场面临的一大难题。制作精良的《无证之罪》就因其话题度低而无法与同期播放的《白夜追凶》在影响上相提并论。与欧美短剧市场较为成熟的周播、季播模式及其成熟的宣传营销模式相比，现阶段国产网络短剧尚未形成真正的周播、季播的制作播放模式；在内容审查方面，全剧本审查等规定也使其无法形成欧美周播剧边播放边调整内容的生产机制，因而选择具有现实共鸣感的题材就成为网络短剧的取径方向。这既呼应影视内容的现实主义导向，又能够引发社会话题，适应网络时代营销的需要。《我是余欢水》中的中年男人危机，正呼应了70后、80后观众的现实“社畜”处境，而在题材处理中，以适合短剧叙事逻辑的危机、逆袭与反转的“三幕剧”形式进行构架，将现实生活质感、荒诞喜剧美学与黑色讽刺修辞相结合的高密度叙事，使其题材表达和意蕴空间呈现出较为丰富的讨论层次。相比之下，《危险的她》《不完美的她》等剧，尽管采纳叙事焦点和逻辑较为集中的悬疑叙事作为基础，但其生活质感的铺垫不够饱满以及叙事逻辑存在较多漏洞，因而其聚焦于家庭暴力和女性救赎的现实感就无法实现真正的社会共鸣，导致其话题度和口碑都不大理想。当然，《我是余欢水》能成“爆款”但未真正实现口碑的成功，其豆瓣分数从8.4分被刷到7.4分，在很大程度上与其叙事节奏上的前紧后松有很大关系。

产业和政策推动下的网络精品短剧，代表了国产网络剧发展的新趋势与新方向。尽管网络短剧发展的元年已经到来，但网络短剧精品化的探索仍处于起点。选择适合短剧篇幅的叙事形式、寻找具有社会共鸣的题材类型、丰富短剧表达层次空间，是当下短剧精品化的主要方向。从长远来看，探索适合我国网络短剧制作播放的有效模式、探索网络短剧的故事体系、接轨全球短剧市场经验，是其精品化绕不开的选择。

二、国产悬疑剧为现实题材影视表达开拓新空间

2020年以来，以辛爽、陈奕甫、杨苗、陈正道等一批80后为主体的导演执导的现实题材悬疑剧，以其极强的个人风格和叙事特点获得极大的关注。《隐秘的角落》《摩天大楼》《沉默的真相》等更以其话题度和好口碑，引发了广泛的讨论，实现了悬疑剧的“突围”与“破圈”。盘点已经播出的悬疑剧集，可以发现，这批年轻的导演以更为流行的悬疑文学为基础，吸收外来悬疑影视作品的经验，以社会派悬疑为主导，通过现实题材与悬疑类型的双向建构，突破和拓展固有现实题材影视剧的现实表达的广度和深度，推动国产悬疑剧的发展。

国产悬疑剧的发展，从根本上是政策引导、市场选择与网剧转型合力的结果。近年来，主管部门对古装剧加强审查，大力鼓励现实主义题材影

视剧的发展，客观上推动了现实题材创作的热潮。然而，以家庭伦理、都市情感、青春偶像和甜宠剧为主导的现实题材影视剧，仍然局限于较为狭小的现实空间，甚至具有伪现实题材的倾向。这与当下中国丰富的现实与社会空间显然是不对称的。如何开拓现实题材的丰富内涵与表达空间，成为影视创作者不得不面临的难题。

随着《白夜追凶》《无证之罪》《余罪》等犯罪悬疑网剧以较好的市场和口碑所带来的市场效应，以及包括《白日焰火》《烈日灼心》《心迷宫》《嘉年华》在内的国产艺术片对犯罪题材的开掘，一定程度上打开了国产现实题材影视剧表达的新的地理空间与文化空间。东北老工业城市在社会转型时期的失落、重庆城市空间的魔幻色彩与人文性格等，丰富了中国影视内容的文化地理与现实面相。这批影视作品通过犯罪悬疑的叙事构造，探索转型时期社会与人性的复杂，将商业类型与艺术探索巧妙地结合起来，形成极具陌生化的审美体验，让观众耳目一新。它们不仅拓展了影视剧现实题材表达的广度和深度，而且提供了“现实+悬疑”相结合的类型模式。与此同时，市场对影视剧“注水”的反感，对精品短剧的需求，也推动了影视剧的短剧化发展，悬疑剧所具有的“谜题”与“烧脑”无疑成为当下短剧吸引观众的最好选择。因此，“现实”与“悬疑”的双向推动，使现实题材悬疑剧成为当下国产影视剧的必然选择。优酷、爱奇艺、腾讯都开设悬疑剧场，一年内计划播出的现实题材悬疑剧近30部，正呈现了这一趋势。

国产悬疑剧对现实题材的开拓主要有三方面：第一，“她悬疑”以女性主义的立场探讨当下中国女性的处境。与《三十而已》等电视剧仍以婚姻家庭作为表述中心不同，从《不完美的她》《危险的她》，到《白色月光》，再到《摩天大楼》，主打女性收视市场的“她悬疑”在犯罪悬疑的叙事圈套中，着力探讨家庭暴力、性侵、女性的社会歧视以及女性互助的观念、PUA等社会议题。其中，《摩天大楼》所达到的艺术性与思想性，成为该类型最重要的代表作。第二，以《隐秘的角落》《非常目击》为代表的现实题材悬疑剧，则以探讨人性的恶的形成、创伤的救赎等为重点，深层次探讨人性的幽暗角落。《隐秘的角落》不是去揭示谁杀人的真相，我们从一开始就知道凶手是谁，其探讨的是一个我们都熟悉的生活处境中，朱朝阳、张东升的恶是如何一步步形成的；而《非常目击》则着力表达“小白鸽被杀”之后相关人物如何在创伤记忆中经受着罪恶与救赎。第三，借助侯贵平、江阳、严良在三个时空对真相与正义的执着追求，《沉默的真相》深刻地揭露了基层涉黑腐败的罪恶现实，彰显了追求正义的人性之光，较好地处理了黑暗与光明的关系，其“高开炸走”的口碑评价，以及江阳形象的深入人心，使其成为国产现实题材剧的精品力作。

事实上，现实题材悬疑剧以悬疑为框架，包含着极为丰富的题材内容，与以往犯罪、涉案、刑侦、反腐等题材剧具有较为密切的交叉地带，极易触碰审查的禁区。在一定程度上，死亡、凶杀、刑侦等及其背后的罪恶与救赎，构成现实题材悬疑剧的基本要素。如何处理暴力场面的表现？对作恶者人性开掘的限度在哪里？如何在阴暗复杂的人性与欲望中表达积极的、光明的力量？作为介入其中参与监察、刑侦的公检法人员的形象如何处理？等等，都是现实题材悬疑剧所必须面临的问题，需要非常谨慎的处理。实际上，曾经作为热门影视类型的涉案剧，就曾因为对这些问题处理不当，走了弯路而被主管部门进行“撤出黄金档”的“区别对待”。我们知道，从1987年《便衣警察》开始，涉案剧曾盛极一时，在2003年到2004年前后达到了创作数量上的高峰，当时涉案剧数量占到年度影视剧总量的30%以上。但由于数量泛滥和过度开采，涉案剧不仅出现大量“展现犯罪过程”“暴露侦破手段”“对血腥暴力的过度渲染”等内容，而且因为对作恶罪犯的同情导致价值观的模糊混乱而遭遇整改，带来十余年该题材类型的沉寂。当下现实题材悬疑剧的发展，在一定程度上吸收了涉案剧的教训，力图在审查与市场之间寻求平衡。

得益于近年来国内外悬疑小说与影视作品的市场热点与叙事经验，这一轮国产现实题材悬疑剧的兴起，从一开始就具有较高的起点，并在这一基础上探索主流化转化的方式。东野圭吾、紫金陈等作家的悬疑小说，不仅为现实题材悬疑影视作品的创作提供新的类型基础，而《致命女人》《母亲》《为了N》等美剧、日剧也为悬疑剧的创作提供了丰富的叙事经验。《十日游戏》改编自东野圭吾的小说《绑架游戏》，《隐秘的角落》与《沉默的真相》都来自紫金陈的三部曲，《摩天大楼》则改编自台湾作家陈雪的同名小说，而《不完美的她》改编自日剧《母亲》，《摩天大楼》也受到日剧《为了N》的影响。可以看到，在从小说改编悬疑剧的过程中，这些悬疑剧力图立足影视剧的属性进行主流化的转译：一方面，既力图将文本进行本土化处理，丰富原文本的脉络，又能够从价值导向的层面进行较为正向的改编。如《隐秘的角落》将《坏孩子》中的普普与丁浩（剧中的严良）单纯的“恶”的行为赋予人物行动的商量动机，并进行性格的重写。该剧结尾处，以笛卡尔的“童话”与“现实”赋予另一个版本的结局，提供了正能量解读的可能。又如《摩天大楼》突破原小说的情欲迷宫，进行了较大的改编，将不同人物的叙事集中于女性所面临的真实的现实处境的多层次揭示与反思。另一方面，在注重烧脑的谜题设置、强化叙事的不断反转吸引观众观赏快感的同时，将刑侦的过程作为进入人物内心与遭遇的线索，以之建构探索人性的旅程，注重对犯罪嫌疑人关系的建构、颠覆与重构，弱化对刑侦技术本身的展示以及警察与罪犯关系的表达，以之规避以往涉案剧所面临的问题，并通过加强社会公共议题的表达与互动开拓更广泛的现实层面。

然而，国产现实题材悬疑剧在突破既往相关题材表达误区的同时，也出现一些具有普遍性的问题：第一，从创作的层面上，以文学作品为底本的改编剧无论从市场还是口碑上，要显著好于原创剧，显示出国产悬疑剧原创剧本的贫乏。第二，在艺术表达上，如何通过人物的性格和动机真正推动叙事的进展，而非依靠不断地制造巧合推动情节，考验着国产悬疑剧的叙事能力。第三，在价值取向上，尽管导演都能够有意识地进行主流化的转换，但其中对恶的处理仍有一些缺失，如有评论就指出，《隐秘的角落》存在对恶的极度渲染。

三、“悬疑+现实”类短剧要尊重观众与艺术规律

在行业和政策的双重影响下，短剧已经成为电视剧和网络剧制作生产的重要趋势。短剧由于缺乏长篇剧集的叙事铺垫，缺乏长播放周期所积累的传播效应，因而对于剧集制作提出更高的要求：需要迅速交代人物处境、高密度的剧情节奏，以及引发议题的现实内容。如何在较短的剧集内吸引观众投入？悬疑类型毫无疑问成为首选。

悬疑具有“谜”的特征，往往围绕“角色被杀”“谁犯罪”等展开，存在“为何犯罪”等疑问，因为种种可能而扑朔迷离。它能够引发观众对于剧情的高度关注和参与，“猜谜”成为悬疑类型吸引观众的魅力所在。因而悬疑类型或悬疑色彩的叙事，几乎成为近年来影视作品的一种广为接受的通用叙事形式，能够帮助各种题材获得通向商业的路径，甚至在电影中几乎发展出了“悬疑+现实”题材的文艺片类型。

短剧特殊的制播模式，使缺乏经验的本土生产制作者，几乎都多多少少地试图以“悬疑+”寻求突破。前有《白夜追凶》《无证之罪》的珠玉在前，引发业界从者众多。纵观已播出的《唐人街探案》《危险的她》《不完美的她》等短剧，或主打悬疑或带有悬疑色彩，并添加家庭暴力、女性虐待等颇具社会敏感性的现实题材，就成为当下短剧摸索出来的新配方。

《危险的她》中四个女性联合“谋杀”渣男齐凯，又惩治家庭暴力施行者陆子聪，最终实现自我独立和救赎。随着剧情发展，“死的是谁？”“谁杀死了齐凯？”“陆子聪死了没有？”等这些谜题一个继一个被抛出来，使后半部分的剧集不断反转，叙事节奏较为紧凑。相比之下，《不完美的她》虽称不上严格意义上的悬疑类型，但其围绕家庭虐待、放火、诱拐等犯罪事件所进行的侦查与躲避等叙事构架，以及“生母为什么要抛弃林绪之？”“谁放的火？”“林绪之能否收养穆莲生？”等问题一

个紧接一个地出现，因而该剧也是以“谜”的方式推动叙事的进展，具有较强的悬疑色彩。

从题材类型上看，“悬疑+现实”类短剧打破了此前本土影视剧中，不是网文大女主、甜宠玛丽苏就是塑料姐妹花式的题材藩篱。这可谓女性影视题材的创新，使剧集作品能够关注当下中国女性在家庭暴力、性侵犯等方面所遭遇的现实处境，又因为对女性创伤救赎与自我命运的选择，在价值观上也有可圈可点之处。事实上，这种现实关切本身，也是对近年来国家倡导现实题材的一种回应。因而“悬疑+现实”作为电视剧和网络剧的一种颇具市场前景的新类型，是短剧市场和影视政策双重选择的结果。

但是，该类型短剧并非本土原创，实际上仍然是受到美剧和日韩剧同类型的影响。《危险的她》实际上受到美剧《致命的她》《绝望主妇》等的影响，而《不完美的她》则是直接改编自日剧《母亲》。但与受之影响的经典原版剧目相比，本土“悬疑+现实”类短剧无论从口碑、收视还是反响的角度，都远远差于前作。究其原因，不单是原创与模仿的问题，更是深层次地涉及短剧“悬疑+现实”叙事的艺术创作规律。

悬疑叙事的实现，需要依靠三个基本要素：有难度的谜题、有效密集的细节、不可靠的叙事者。如果谜题过于简单，观众一眼望穿，就无法引发观众的猜谜热情，悬疑叙事所具有的乐趣就荡然无存。谜题的揭示，需要依靠大量有效的密集的细节的影像呈现，引发观众对视听内容的专注和攫用，在剧情中寻找细节进行线索构建。与此同时，存在着不止于一个的不可靠的叙事者，其作为旁观者、参与者的身份的不可靠性，导致对叙事的讲述既呈现了某些片段，也引发了更多的谜题，使事实蒙上迷雾。

毫无疑问，美剧《致命女人》第一季在这方面堪称完美。该剧讲述居住在同一个豪宅里的三个不同时代的家庭，三个不同性格的女性如何联合复仇又如何最终以爱的方式救赎旧恨的故事。“谁杀了谁”构成了双重谜题，围绕这一谜题，尽管在每集的开头和结尾，有当事人、邻居、专家等各式各样的人物出场讲述，但这些讲述其实并不可靠，存在着大量的疑问。对于这些谜题与疑问，剧集主要通过三个不同时代的家庭的具体叙事细节来推进，主要人物依靠其细腻扎实的表情、动作和台词，自然而然地为观众呈现出答案。

相比之下，《危险的她》的问题就极为明显：该剧的谜题相比之下仍显俗套，一开始大量陆子聪的被杀幻想，从剧情推进的逻辑预测，已经可以否定陆子聪被杀的猜想。而更为突出的问题在于，剧集不是依靠细节与表演，而是借助人物对话的影像回溯来呈现人物的选择与行动。这在悬疑的叙事上就显得拙劣。此外，缺乏不可靠叙事者的存在，导致主要人物既需要充当行动者，又需要充当叙述者，就无法形成表演与叙述之间的叙事张力。与此类似，日剧《母亲》同样是依靠极为扎实的表演和细节来推动叙事自身的逻辑，而《不完美的她》一开始穆连生的家暴遭遇、她与林绪之的相遇、林绪之的职业身份等，就充满不合情理、逻辑混乱之处。

在题材的表达层面上，“悬疑+现实”的结合并不止是在题材层面上的选择，不是对现实要素的简单拼凑，而是要深入现实的道德困境中去确定叙事的道德前提，并将其细化于不同人物的境遇中去共同表现。《致命女人》令人动容之处，不只是女性的联合与复仇，而是在不同时代的女性及其家庭中，有着共同的对于人性复杂处境的表达，以及女性对尊严与爱的渴求与实现，这就使其女性主义并不极端与咄咄逼人。相比之下，本土女性现实题材影视剧事实上普遍存在着现实性的漂浮，由于缺乏对人物生存的道德困境的营设，以及人物作为一个性格、命运、行动的复杂整体在面临道德处境时的选择的表达，也就失去了使人物的成长缺乏令人信服的艺术逻辑。因而，在《危险的她》《不完美的她》等剧中，几乎没有一个角色不存在功能化的问题。

此外，本土“悬疑+”类网络短剧叙事过度注重借助热门题材的话题性来实现营销，因而在剧集情节中往往硬生生地塞入各种时下新闻热点，导致大量与叙事核心线索无关的现实要素的题材冗余。比如在《不完美的她》中，郭警官与真假田放的遭遇，硬生生地设置了一个造假的生物医药企业培训场景，就备受观众诟病。在这种情况下，现实本身也被工具化了，也就脱离了典型环境与典型人物的经典现实主义规律。

从目前立项制作的网络短剧来看，“悬疑+现实”类短剧已占据本土网络短剧的半壁江山。不出意外，在未来一段时间内，该类型短剧还将充斥观众眼球。如何让该类型短剧避免目前存在的问题，真正实现叫好又叫座，这就需要该类型的影视生产制作者能够真正尊重类型叙事的艺术规律：谜题不要考验观众智商，现实也不是营销工具，尊重观众、尊重艺术才能起死回生。

第八章　中国网络游戏的功能化转型：实践与方向

从游戏市场的整体发展来看，网络游戏市场虽然还在增长，但增速已经明显放缓。网络游戏爆发带来的人口红利逐渐消失的同时，游戏产业野蛮生长阶段所存在的问题隐患也逐渐暴露出来。在对经济利益的疯狂追逐下，一部分游戏产品呈现出过度娱乐化、欲望化、低俗化的趋势，游戏文化内涵不足，甚至存在价值观念的偏差。而游戏企业的创新力低下则直接导致同质化的游戏产品大量出现。随着舆论压力的增强，政府监管的不断细化，留给游戏企业的空间越来越小，游戏产业到了一个急须改变的拐点，而功能游戏则从回归游戏本质出发，为游戏产业的困境提供了一条新出路。本文将从中国网络游戏功能化转型的现实语境及其实践出发，通过功能游戏《尼山萨满》的个案，探讨中国网络游戏功能化转型的发展方向，为业界提供思考。

一、功能游戏的定义

功能游戏又被称为严肃游戏或应用性游戏，它并不是一个新兴游戏类型，而是一个相较于仅以娱乐性作为唯一特性的商业游戏而言的概念。在消费主义盛行的今天，一般的商业游戏主要将游戏的经济效益放在首位，一味强调游戏的娱乐功能，而忽略了应该承担的教育责任。一些粗制滥造的网络游戏，为了追求所谓的快感，偏离了正常的社会价值和规范，无视道德人伦底线，也无视了美学的基本原则，以血腥、暴力、色情、犯罪博人眼球，放纵玩家沉溺其中，对玩家身心健康造成了极大的负面影响。这样的游戏实则是对游戏本身价值的背离。游戏的本质并不是单纯的娱乐，1970年德裔社会科学家克拉克·C·阿布特（Clark C.Abt）出版了一本名为《严肃游戏》（*Serious Game*）的书，他在书中提到："我们之所以关注严肃游戏，是因为这些游戏具有明确的教育功能和意义，而不仅仅局限于娱乐。"这也是最早对于游戏其他应用领域的构想。而到了2002年，美国重新提出了严肃游戏的概念，两年后GDC游戏开发者大会将严肃游戏的范围进一步明确，指出："除了学习知识，严肃游戏还被赋予了训练、模拟等其他职能。"自此，严肃游戏正式脱离了单一的学习领域，而向其他领域积极跨界[①]。

对比泛娱乐现象严重的商业游戏，功能游戏可以被视为对游戏本质的一次回归，是对游戏教育价值的一次重塑。功能游戏与商业游戏最根本的区别在于其目标，功能游戏是以解决现实矛盾和行业问题为目的的游戏品类，不以商业价值为导向，而更注重社会性和公益性，始终把系统性探索与发掘游戏的正面价值放在首位。同时，功能游戏也可以被看作是电子游戏与行业场景跨界融合的创新应用。功能游戏作为一种创新工具，将游戏行业中的游戏元素、创意设计、先进技术和组织架构，应用于军事演练、科学研究、公共管理、医疗服务、城市规划等领域，使玩家在游戏过程中达到学习知识、训练技能、培养情趣等非娱乐性目的。[②]游戏的跨界应用充分发挥了游戏参与度高、浸入感强、反馈及时等特点，弥补了商业游戏目的单一的缺点，有利于改善大众对于游戏的负面印象。

---

① 陈静：《功能游戏：不仅限于"正能量"》，http://www.chuapp.com/article/285385.html?tdsourcetag=s_pctim_aiomsg，访问日期：2018年5月29日。

② 秦俊丽：《游戏新说与严肃游戏发展》，青岛大学硕士论文，2014年6月。

而功能游戏又可以分为传统功能游戏和延伸性功能游戏两种。传统的功能游戏强调功能的游戏化，以解决社会与行业问题为目的，并尝试以游戏的方式进行表达。这一类功能游戏主要包括教育类游戏、技能训练类游戏等等，典型代表如《金山打字王》《极客战记》《微积分历险记》等等。玩家抱着学习某项知识技能的心态进行游戏，而游戏以其趣味性的操作形式、互动性的参与方式，以及仿真性的虚拟呈现，在游戏过程中帮助玩家进行知识巩固和技能的提升。延伸性功能游戏则更强调游戏的功能化，即游戏研发并不是以解决社会或行业问题为唯一目的，而在实际过程中可以作为工具进行跨界应用，并取得一定成果，主要包括沙盒类、模拟经营类、解密类游戏，代表作品有《我的世界》《模拟人生》等等。这一类功能游戏更注重游戏的艺术价值与文化价值的塑造，开发者并不局限于满足玩家低层次的需求，如从暴力释放中获得快感，而是思考如何创作“社会意义与可玩性兼得”的游戏产品，探索游戏生产的更多可能性。

事实上，功能游戏在国外已经有着较为成熟的发展先例。美国海军陆战队早在1994年就成立了第一个游戏军事训练机构，将游戏作为军事演习的一种辅助手段，通过《全光谱战士》《美国陆军》《虚拟伊拉克》等游戏模拟武器装备使用和战斗流程，从而提高士兵的反应能力和战争的成功几率，这一寓教于乐的训练方式也受到了士兵们的广泛欢迎。除了军事领域的应用，功能游戏在医疗方面也有所建树，例如为解决阿尔茨海默症而研发的手游《海上英雄探险记》。针对患者在患病初期最先丧失方向感的特点，《海上英雄探险记》在患者打游戏的过程中，对患者进行测试和监控。这款游戏通过驾驶航船闯关的玩法，收集了大量病人方向识别的行为数据，寻求在患病早期发现并治愈阿尔茨海默症的可靠方法。

与国外功能游戏的成熟发展相比，我国的功能游戏才刚刚起步。2018年可以说是我国的功能游戏发展元年，在“Up2018腾讯文创生态大会上”，腾讯游戏率先提出了“布局功能游戏”的计划，并公布了《折扇》《欧式几何》《纸境奇缘》《尼山萨满》《肿瘤医生》等多款功能游戏，踏出了我国发展功能游戏的第一步。随后，网易也紧跟其步伐，宣布将从“教育+游戏”的角度切入，推动功能游戏的普及。事实上，功能游戏将名副其实地成为游戏产业的下一个发展方向。

二、我国游戏功能化转向的原因

网络游戏产业作为网络文化产业中最具有增长前景和创新活力的新兴力量，近些年一直保持快速、稳定的发展态势，但在其发展过程中也难免存在产品结构失衡、产品类型同质、社会价值缺失、文化观念偏差、对未成年玩家保护不到位等问题。网络游戏产品的内容、结构、功能需要调整，网络游戏的研发、运营和推广环节也要相应改变。网络游戏转型升级是当前全行业面临的共同选择，而游戏的功能化转向，也是游戏产业的必然发展路径。

首先，从游戏产品本身而言，功能游戏有利于提升游戏产品文化内涵，引领审美价值回归。席勒认为艺术的重要特质是游戏冲动，艺术和游戏本质上是相通的。在近代文化工业的推动下，高度商业化的网络游戏产品使游戏本身的诗性蒙尘，使其沦为了机械复制的商品[①]。而游戏发展向功能游戏转变，实则是对游戏固有价值的重拾，是对游戏快感与审美快感的统一。发展功能游戏可以更好地加强对游戏文化价值取向的引导，提高游戏产品的文化价值含量。

从社会角度而言，发展功能游戏能有效满足社会大众对于精神文化产品的需求，有效提升游戏产业社会价值。功能游戏立足于解决社会问题，通过倡导游戏的多领域应用，带来可观的社会效益。目前游戏已经成为主流视野下重要的文化组成部分，但由于国内部分商业游戏产品过度强调娱

---

① ［德］席勒：《审美教育书简》，冯至、范大灿译，北京大学出版社，1985，第120页。

乐性，追求短期经济利益，导致未成年玩家因“沉迷游戏”而致使身心健康受损的恶性事件频发，给游戏产业带来了严重的负面影响。关于网络游戏危害的报道在较长时间内都处于高峰，而发展功能游戏能够端正游戏定位，有利于减少游戏危害性事件产生，从而纠正外界对游戏的“电子海洛因”“精神毒品”等污名化的看法。游戏企业也能够重新树立正面的品牌形象，避免受负面影响波及①。

从市场角度而言，功能游戏可以帮助企业探索游戏市场边界，挖掘用户需求。由于近年来国内的游戏市场销售收入与用户规模增长都进入放缓状态，挖掘用户存量越发艰难。同时，虽然新游戏数量较多，但整体收入可以排进头部行列的游戏数量却逐渐减少，游戏市场竞争压力增大，功能游戏仍处于发展阶段，有影响力的产品稀缺。通过推出功能游戏，游戏企业能够挖掘用户除娱乐之外的其他需求，拓宽市场边界，并借此获取收入的潜在增长点，摆脱人口红利消失所带来的困境。

从政策角度来说，由于治理时代下游戏已进入强监管区间，发展功能游戏符合政策导向。一方面，近年来文化产业主管部门对游戏产业监管力度加大，不仅完善了游戏相应政策和规范，而且提升了日常巡查执法频次，对色情、暴力、涉赌等违法违规游戏进行了依法处置，并对游戏审批制度进行了收紧，舆论针对游戏企业逃避社会责任、导致未成年人成瘾等问题进行了严厉批判，在政策和舆论的倒逼下，游戏企业必须做出改变，从游戏生产着手进行有效整改；另一方面，发展功能游戏也成为主管部门的政策导向，2018年4月2日，文化和旅游部宣布对网络文化市场加强监管，进一步加强对互联网相关文化生产单位的行政领导。同时相关文件还明确提出：“重点推进网络游戏转型升级，鼓励发展功能游戏”，游戏产业从过度娱乐化的现状中脱离已成定局，而功能游戏也将成为游戏产业政策性的发展方向。在此情况下，发展功能游戏不仅符合政府制定的游戏产

① 欧阳友权：《多维视野下的网络游戏》，《文艺理论与批评》2012年第1期。

业发展方向，同时对游戏企业维持良性的政企关系也有着积极作用。

游戏产业的功能转向，不仅符合游戏本身的价值塑造，同时也符合社会、市场、政策等多方面因素对于游戏产业的要求，是游戏产业发展的必然方向。

三、中国功能游戏的实践：以《尼山萨满》为例

由腾讯游戏学院和NEXT Studio共同出品的功能游戏——《尼山萨满》，是一款以弘扬北方少数民族文化为核心的音乐游戏，采用具有强烈民族色彩的音乐剧模式，通过不同的音乐、场景和剧情设定，展现了一个古老的北方少数民族的风情和文化底蕴。这款由6名毫无游戏开发经验的毕业生在5个月时间里创造出来的小游戏，从上线起就得到了游戏玩家和业内人士的极高赞誉，在苹果应用商店（App Store）获得了4.8分的高分评价，在Tap Tap上也得到了9.8分的好成绩。甚至有玩家称赞其“美如东珠，混若璞玉”。在笔者看来，这款游戏着眼于传统文化，摸索出了一条独特的生产道路，真正做到了艺术价值与商业价值相平衡，社会效益与经济效益相统一，从它的游戏世界建构、游戏玩法设计和文化内涵构建中，也可以看到我国网络游戏产业功能化转型后的未来发展方向。

（一）奇幻萨满世界建构

《尼山萨满》是一款音乐叙事游戏，它通过瑰丽的神话传说、传统的美术风格和神秘的音乐形式，为玩家打开了北方少数民族奇幻世界的通道，也完成了一个由视觉、听觉、触觉所钩织的艺术奇观世界的构建。

首先，一个游戏的核心来自世界观的设定，优秀的网游文本都在竭力打造一个接近于现实生活的虚拟世界，这个世界延伸至自然、社会、心理等诸多方面，与玩家现实生活中的真实行动相仿，以便于玩家沿着游戏既定的世界观进行探索。在《尼山萨满》这款游戏中，神秘的“北方少数民

族世界”就成为游戏的灵魂之所，故事中所有的元素都在其基础上缓缓展开。故事来源于满族部落古老的口头文化《尼山萨满传》，讲述的是一个孩童因为淘气得罪了神灵，导致图腾受损，灵力逸散。恶灵夺走了小孩的魂魄，伤心欲绝的父母只能恳求一名叫作尼山的萨满巫师帮助，尼山被父母的诚心感动，于是击鼓而舞，魂魄坠入幽冥之中，最终从阎王手中夺回小孩魂魄的故事。玩家需要扮演的就是尼山萨满的角色，在短短五章游戏故事情节中，以敲击萨满鼓作为抵御邪灵的武器，穿梭于三界之间，完成最后的拯救任务。游戏以史诗般的背景和充满奇幻色彩的剧情为玩家展现了一个古老神秘的萨满世界，游戏中展现的鹿角帽、萨满鼓、扣夜星等少数民族特有的文化符号，与热门的文化质感相背离，也为这款游戏注入了不一样的天性。游戏就像一把古老的钥匙，有效激活了传统文化与现代媒介之间的关联，让网络游戏成为植根于民族文化传统中的文化产品，发挥游戏的文化连接功能，以充满趣味性的形式，为玩家缓缓打开了探索北方民族精神世界的大门。

而具有传统特点的美术风格，也是构建这个游戏世界的关键因素。《尼山萨满》的美术设计脱胎于中国的剪纸艺术，而人物动作和剧情的表演则类似于皮影戏，这也为游戏带来了强烈的民族风格和辨识度，尼山在每一幕中都行走在不同的地方，她身后的背景宛若一幅幅浩瀚的史书长卷，随着她的脚步缓缓展开。不论是晨曦中起飞的神鸟，还是冥河里翻腾的大鱼，不论是云雾缭绕的长白山，还是金光万丈的福神殿，游戏中的每一幕都充满着细节和灵动。美术风格与故事情节高度统一，为游戏本身赋予了不朽的生命。游戏设计者为了能够更大程度地使玩家感受到原汁原味的满族文化，在美术设计上有意选取了张杰、关云德两位满族纸艺艺术家的作品。与现代剪纸多用阳刻的手法不同，满族剪纸多以阴刻见长，块面为主，线线相断，在视觉效果上更能彰显少数民族粗犷的艺术风格。

作为一款音乐叙事游戏，音效的打造也是游戏的重中之重，《尼山萨满》在还没正式上线之前就已经在英国伦敦的Casual Connect上拿到了Indie

Prize的“最佳游戏音效”提名。与一般音游不同，《尼山萨满》采用了独特的音乐剧形式，每一章节都通过不同的音乐、不同的场景、不同的人物活动，表现故事情节的发展。在游戏中，鼓声扮演着至关重要的作用，无论是就游戏情节还是核心操作而言，鼓声在这款游戏中都超越了单纯音效的作用。作为核心玩法，尼山手中的鼓是玩家需要操纵的工具，准确的击鼓才能抵御妖邪的侵袭，获得游戏的胜利。同时鼓声还是故事情绪的有效传达途径。在尼山萨满的传说中，她在击鼓请神之时需要一个替身，能够和得上她的鼓声，跟得上她的节奏，在她探访“阴界”之时为她料理尘世的事务，并在合适的时候将她唤醒。在游戏中，操纵鼓声的玩家似乎承担起了这个替身的职责，当尼山敲起鼓来，鼓声便构筑起了足以阻挡一切危险和灵体的屏障，游戏设计与传统文化有机地统一起来。

在视觉、听觉、感觉的多方面协调与融合之下，游戏世界的建构宛如一首艺术的交响曲。以往的艺术形态难免受到时空等多方面因素限制，而网络游戏所依托的信息技术则打破了过去艺术创作的经验模式，为网络游戏提供了自由度最高的艺术手段和仿真性最强的虚拟世界，在这个可以真切感知的视听世界中，常规世界里单向度交流的元叙事已被摈弃，取而代之的是一种无穷无尽交互与转换的视听奇观。

（二）剧情导向型玩法设计

一个游戏的核心玩法不仅仅是一个游戏的灵魂，也是一个游戏的顶层设计，它决定着游戏的风格和走向。一般的商业游戏将游戏的娱乐性和操作感放在核心玩法设计的首位，而作为一款以弘扬民族文化传统为核心的功能游戏，在《尼山萨满》的主创人员看来，核心玩法更类似于一门独特的语言，游戏的开发者通过游戏的语言，将一个少数民族传统神话故事翻译成现代人喜闻乐见的形式，在这种观念的引领下，《尼山萨满》也呈现出了与其他游戏所不一样的“非主流”色彩。

作为一款音乐叙事游戏，《尼山萨满》的所有游戏机制都是建立在为叙事服务的基础上的。在《尼山萨满》的主创采访过程中，设计者也曾坦言，是先有了《尼山萨满》的故事核心，继而才设计出游戏的核心玩法，而玩法的操作也是与故事背景完全契合的。首先，《尼山萨满》建立了为剧情服务的从核心演奏机制，在游戏中采取了神话故事中“尼山”展现神力的方式——击鼓，作为游戏的演奏方式。通过边敲鼓边前行的方式，尼山需要通过村庄、冥界、鬼城、圣域、福神殿这五个不同的区域，无论是场景设定还是音乐风格都是根据剧情的需要加以变换的，就连尼山本身在操纵萨满鼓时，不断接触判定框的note（谱面需要打击的键）也会根据剧情的不同而改变，在第一章村落的故事里note以飞鸟的形式出现，而在第三章鬼城里note则化作万千的魑魅魍魉。同时，主角的生命值也与剧情有着密切的关系，当尼山从安全的环境出发时，生命值处于满格状态，而当第三章的剧情开始时，尼山陷入险境，处于一个极为危险的状况下，生命值也会随机减少。

除了为剧情服务的打击机制，《尼山萨满》的分数核算机制也与故事背景完美贴合。在传统的音乐类游戏中，系统依靠combo（命中）数量、判定区域、判定等级等因素来判别玩家的弹奏成绩，并通过这些成绩的反馈，激发玩家不断进行游戏来获取Full Combo（全部命中）或者All Chaming（完美命中）。但为了保证游戏剧情的完整性和玩家的沉浸感，这些判定因素在《尼山萨满》中都无一例外地被取消了。在目前版本的游戏中，判定区间并不明确，但结合背景音乐、鼓点节奏击打note，会有不同的画面对玩家的操作进行反馈。例如当玩家完美命中时，剪纸风格的怪物会掉落彩色的碎片，普通击打时则为黑白碎片，当玩家打击失败时则会产生震动反馈，这样既保证了游戏体验的流畅度，又增加了游戏的打击感和弹奏感。

由于音乐类游戏的节奏较快，玩家在游戏过程中很难对于所有故事脉络进行梳理，所以设计者又补充开发了图鉴系统，对于游戏的故事背景进行丰富和阐明。玩家在通过相应章节以后，根据游戏表现可以获得不同的道具图鉴，当所有章节完美通过时，即可点亮所有的图鉴。在这个图鉴系统里，对于每一个道具背后的典故都进行了延伸，大大丰富了游戏的文化内涵。

从《尼山萨满》的游戏玩法设计中，也可以看出功能游戏与商业游戏的区别，与商业游戏利用奖励机制诱导玩家对游戏的沉浸不同，功能游戏的玩法设计呈现出故事性、终止性、独立性的特点。故事性是目前文化产品传递文化意义的最佳途径，而在以往的很多游戏设计者看来，游戏中的故事插入，会打断玩家的游戏行为，降低用户的体验感，但实际上这只是游戏设计不成熟的表现，以《尼山萨满》为例，将游戏玩法与核心故事相结合才是游戏作为一种互动艺术形式，与用户的正确沟通方式。而终止性是杜绝游戏玩家上瘾的最好阻断方式，包括《王者荣耀》在内的一批商业游戏，过于强调游戏性而较少强调文化叙事性，最终使玩家陷入机械式的重复游戏中，玩家的游戏时间被无限拉长，从而导致了“网瘾”的滋生，而功能游戏更注重游戏的完整叙事，对玩家的游戏时间有合理的控制。而独立性也是《尼山萨满》成功的保证之一，因为没有商业的浸染，不去考虑游戏所带来的经济效益，设计者更容易以单纯的工匠精神致力于打造富有艺术价值和文化价值的游戏产品。

（三）互动沉浸式价值传递

中国拥有浩如烟海的历史文化资源与民族文化资源，而正是这丰富的资源宝库，为文化产品生产提供了丰富的故事想象、独特的艺术形象和深厚的民族文化记忆。《尼山萨满》正是看到了传统文化资源的价值所在，以互动方式讲述民族故事，以沉浸式特性塑造审美体验，以跨媒介思维进行价值传播，实现了对于文化内涵的传递，创造出文化价值与经济价值并存的文化创意产品。

以互动方式讲述民族故事，实则是为传统文化资源的开发和利用提供了一种新思路。由于互联网时代的到来和全球化的不断推进，传统的断裂与历史的失重成为显著的文化症候，由此也导致民族文化认同感在年轻一代中逐渐弱化。而网络游戏作为一种包含静止图像、活动图像、文本、音频、三维可航行图像在内的媒体，可以比单一媒体提供更多建构游戏世界所需要的叙事板块[①]，在传播传统历史文化、讲述民族文化故事方面具有巨大的潜质。之前很多网络游戏只是披上传统文化的外衣，利用历史故事、历史人物的知名度为游戏产品宣传造势，并没有对其包含的民族精神、民族底蕴进行深入挖掘，甚至恶搞历史人物，呈现出历史虚无主义倾向。而在《尼山萨满》的游戏开发中，设计者对于民族文化精髓进行了妥善保护，除了研读《尼山萨满传》的原著文本，还四处寻访满族文化、满语保存者，最终一个漫长的史诗故事被凝结成为5段话，100多个字，故事的精华被完美提炼出来[②]。这个充满英雄主义色彩和关于生死哲思的神话故事，以音乐游戏的互动形式展现了出来，玩家不仅可以以尼山萨满的身份在三界遨游，还可以通过游戏中的演奏感受满族音乐的无尽魅力，传统的文化形式借由网络游戏的新形势从多方面多角度完美展现出来，一方面传统文化所蕴藏的文化价值为网络游戏赋能，另一方面网络游戏也为民族故事提供了一个具有互动性和参与感的新形式。

除了对于民族故事的动情讲述，游戏还被视为继文学、雕塑、音乐、舞蹈、绘画、建筑、戏剧和电影之后的“第九艺术”，顺应了媒介变革的历史要求，凸显了“科技性、媒介性和大众参与性”等特征，构筑起自己迥异于传统艺术的独特而别致的景观[③]。在《尼山萨满》的游戏文本中，设计者遵循美学和艺术创造规律，吸纳了许多新的素材，打破不同艺术门

① ［美］简·麦戈尼格尔：《游戏改变世界：游戏化如何让现实变得更美好》，闾佳译，浙江人民出版社，2012，第29页。

② Tap Tap运营：《专访尼山萨满制作团队：6个毕业生和他们未完成的音乐小品》，https://baijiahao.baidu.com/s?id=1611407466474648244&wfr=spider&for=pc，访问日期：2021年12月1日。

③ 李思屈、关萍萍：《论数字娱乐产业的审美经济特征》，《杭州师范学院学报（社会科学版）》2007年第5期。

类之间的壁垒，将深情的故事朗诵、优美的音乐演奏与生动的动画表现相结合，充分激活玩家的视觉、听觉、触觉，传递带有互动性的感官刺激，以跨媒介的方式，为玩家带来不同的审美体验。网络游戏的“浸入式”特点，可以使玩家不再是被动的接受，而是一种能动性的介入，玩家以第一人称视角进入游戏，通过主体的心理投射，与游戏人物融为一体，当尼山在师傅的注视下慢慢走出村庄时，玩家与其一同感受即将面对未知世界的紧张；当尼山身骑灵鹿驰骋在雪山神域之间时，玩家与其共同分享对于祖先神灵的敬畏；当尼山在倒塌的福神殿中与神灵抗争时，玩家与其共同感受不畏强权的勇气和决心。网络游戏使玩家的意志和心灵都挣脱了现实的束缚，形成了互动沉浸的独特审美体验。

在实现游戏产品文化价值、艺术价值的塑造后，作为大众文化的重要形式，《尼山萨满》在多个维度上弘扬了正面价值，也实现了主流价值观念的传递。在游戏作品中，主人公尼山被塑造成一个民族英雄的形象，她不仅善良勇敢、乐于助人，还展现出惩恶扬善、不畏强权的性格特征，她可以为了挽救无辜的生命，一个人闯入阴森恐怖的鬼城，踏遍危机四伏的冥河，甚至敢于与神灵据理力争，凸显出她百折不挠、勇往直前的意志品质。《尼山萨满》充分发挥了网络游戏对主流文化的承载功能，使网络游戏真正成为主流价值观念的重要传播者，成为现实生活的精神催化剂与情感黏合剂。

《尼山萨满》对于文化内涵的传递，承担了游戏对于民族文化传承的使命，丰富了游戏产品的审美体验，有利于建构游戏的文化身份认同，将游戏产品塑造为具有广泛认同度的文化符号。

四、功能化游戏转型的方向

自网络游戏诞生以来，始终伴随着批判整肃的呼声，网络游戏一方面因过度娱乐化产生暴力低俗、粗制滥造、文化缺失等现象被视为荼毒人生的洪水猛兽，另一方面又在资本逻辑与互联网技术的加持下赚得盆满钵满。无论市场规模还是用户体量都在全球牢牢占据着执牛耳的地位，但庞大市场体量与紧缩的政策监管以及频发的舆论危机，构成了当前我国网络游戏产业发展的根本矛盾。在内外因素的驱动之下，游戏行业通过不断地自我审视，逐步加深了对于功能游戏本质及目的的理解，游戏产业的功能化探索，势必掀起一场巨大的行业变革，为游戏行业的前行寻找突破方向。

（一）拓展应用领域

游戏的跨界有着悠久的历史渊源和广泛的社会基础，是游戏产业功能化转向的最主要特征，也是产业未来发展的首要前进方向。最早的跨界来源于对儿童爱玩天性的妥协，主要将游戏作为一种互动式的教学工具，帮助其从游戏过程中获取更多知识。而随着应用领域的不断拓展，游戏的跨界已不单单局限于教育学习的范畴，而逐步进入科研、国防、医疗等诸多现实领域。以《食品部队》《龙盒元素》为代表的功能游戏，将游戏的趣味性与现实的实用性紧密地连接在一起，为游戏的发展打开了崭新的思路[①]。

对于应用领域的拓展是游戏产业发展的必然要求，在大规模工业化生产下的游戏产业，正面临着品类单一、产品同质、创意缺乏等一系列困境，而拓展应用领域则为游戏产业生产提供了破局之计。一方面，拓展游戏应用领域可以有效打破虚拟与现实之间的凡例，给予游戏接触更广泛群体的机会，在延伸应用边界的同时，也挖掘了游戏的潜在用户人群，打破人口红利消失所带来的流量不足问题。另一方面，游戏的跨界应用紧扣现实，题材直击生活痛点，不仅有助于打开游戏格局，同时也能给予开发者更多想象空间，推动游戏品类拓展和题材创新。

---

① 李昌盛：《教育游戏：一种新的教学手段》，《湖南第一师范学院学报》2008年第2期。

纵观如今的游戏跨界应用，仍多集中于传统的社会服务领域，仅仅将游戏作为具有实用价值的工具。游戏产业的未来发展方向则将不单局限于已有范围，而是向文化传承、科技教育、公益宣传等多方面延伸，以游戏为核心，建立一个全方位、多层次、宽领域的应用网络，覆盖社会生活的方方面面，为现实问题提供更为生动、便捷的解决路径。

文化传承是未来游戏产业应用的主要发展方向，可以分为线上传承和线下教育两种模式。线上传承主要是利用游戏本身的趣味性和娱乐性，将数字创意形式与传统文化相结合，打造具有文化传承价值的游戏产品。越来越多的游戏厂商开始重视游戏对于传统文化的传承发扬作用，在2018年腾讯推出的多款功能游戏中，弘扬中国传统文化的作品占据了极大比例。既有展现民间工艺的《折扇》，也有重现宫廷匠心的《故宫：口袋宫匠》；既有描绘少数民族习俗的《尼山萨满》，又有展现汉族传统的《佳期：团圆》。游戏以其独特的表达方式，为古老的文化打开了新的展示窗口。而线下的文化传承，则主要是游戏与旅游的结合。以2018年大热的游戏《旅行青蛙》为例，游戏巧妙地通过青蛙的旅行照和伴手礼的形式，展现了日本的传统习俗和风景名胜，不仅增加了玩家对于日本地理、历史的了解，同时也拉动了赴日旅行的热潮，日本旅游搜索量环比增长150%，京都、大阪、神户相关的旅游订单增长近80%，为日本带来了可观的经济收入。

而科技教育则是以游戏为载体，承载各学科、各领域的专业知识，并借助数字技术来帮助玩家构建社会对前沿科技的系统性认知体系。在《坎巴拉太空计划》中玩家可以模拟操控航天飞船探索太空，而在《微积分大冒险》中玩家则可以通过数学知识的运用帮助主角渡过千难万险，使玩家在游戏的过程中获得知识的积累和技能的训练，在抽象的理论和具象的思维之间架起了一道便捷的桥梁。游戏在公益宣传方面的延伸，则不单单是对于玩家的教化，更是游戏厂商社会责任感的体现。《长空暗影》作为首款为盲人定制的听觉游戏，可以将游戏的快乐带给更多的人，而《见》则呼吁人们更多地关注视力障碍人群，提升玩家的公益意识。

游戏产业的应用领域拓展，有利于游戏更好地发挥其独特魅力，摆脱过度娱乐化的标签，实现对于更广泛群体的价值输出，跳出只为个体休闲需求服务的局限，在新的领域创造更大的社会效益和经济效益。

（二）丰富文化内涵

网络游戏市场的不断成熟，用户规模不断扩大，年轻一代游戏用户对于网络游戏质量的要求也不断提高，对于游戏产品的种类需求也更加多元化和个性化，这也成为推动游戏产业内容精品化发展的根本动力。以往游戏产业一味追求数量，轻视文化价值的粗放型发展方式已经难以为继，具有丰富文化内涵的精品化的游戏产品将成为游戏市场发展的主流。以《王者荣耀》为代表的系列主流游戏产品都通过注入文化元素、联动文化形式、打造文化品牌等方式，找到传承与创新的平衡，使传统文化真正成为活在当下的潮流文化。

文化元素的注入，是游戏丰富文化内涵最直接也是最灵活的手段。主要分为主题架构型、元素创新型和短期活动型等三种主要类型。主题架构型，顾名思义就是以古代名著、历史朝代或是传统思想为背景，建造游戏的世界观，例如《剑侠情缘》以宋金大战为背景，《秦时明月》以秦朝为背景，《仙剑奇侠传》以道家思想为依托。这一类游戏往往可以将中国传统文化中的习俗、文化、艺术等元素综合于一身，将具有中国风格的场景、建筑、地理、人物进行具象化呈现；将神话传说和宗教哲学融入于游戏玩法和任务之中，有效降低了文化的理解成本，使玩家在潜移默化中接受了传统文化的洗礼。而元素创新型则是从游戏的人物、道具、服装、设计等方面出发，融合传统文化元素和现代审美进行二次创作，便于更广泛地普及中国传统文化、美学和价值观。例如新一版本的《王者荣耀》中就包含着强烈东方美学元素，从视觉而言，整体配色采用了仓黄、沙绿、螺黛等国画色调，UI界面则选用类似于传统花窗的造型，使游戏界面颇具素雅的古风古韵。而就战斗核心而言，《王者荣耀》不仅开辟了具有中国特色的“长城守护战”模式，怪物设计也参考了《山海经》中应龙的形象，使游戏整体风格更为和谐统一。短期活动型则主要运用于本身与传统文化没有必然关联的游戏中，例如换装游戏《奇迹暖暖》推出的汉服系列，将传统文化的基因以衍生品的形式植入游戏作品之中，带给玩家更多惊艳的观感和独特的文化体验。

联动文化形式也是丰富游戏文化内涵的重要途径。游戏作品通过与相关的文化节目、艺术形式进行联手，不仅可以更加深入多元地展示文化魅力，以年轻人喜闻乐见的方式弘扬传统，同时，以传统文化作为游戏的深层次内核底蕴，也能为游戏增添更为完整的文化形象。在三周年庆的活动上，《王者荣耀》就与敦煌研究院一起联合出品了杨玉环的“遇见飞天”皮肤，这款免费的皮肤从颜色、表情、服饰、妆容等各个方面充分展示了敦煌文化的艺术色彩，同时做到了古典与现代的完美融合。与其同步推出的同名歌曲也开辟了游戏与音乐领域的联动发展。在此前，《王者荣耀》还尝试过与传统的戏曲艺术进行联动，以传统曲目《游园惊梦》和《霸王别姬》为主题设计皮肤，并邀请戏曲名伶献声，以致敬国粹艺术，通过别出心裁的联动形式推进传统文化的传承与复兴。

而打造文化品牌则主要是从创造游戏精品IP出发，对于迪士尼动画电影为代表的欧美娱乐文化工业而言，这已经是通过了反复实践而被广泛认同的生产与营销路径，成熟的文化企业会勾勒具有代表性的人物形象，提炼意蕴丰富的故事核心，构筑细节完备的世界体系，从而使一个IP能够有效地发挥最大价值。而在我国，由于一部分游戏厂商的急功近利，对IP资源的浪费和滥用屡见不鲜，而随着对游戏内容要求的不断提高，游戏厂商开始有意识地从精品IP角度打造游戏品牌生态链，例如，网易充分利用了《阴阳师》的IP影响力，以游戏为核心同时布局动漫、文学、舞台剧、电影等多个领域，扩充游戏的品牌价值，丰富游戏的文化内涵，由一元到多元，塑造具有影响力的精品游戏IP。

（三）平衡二元价值

网络游戏在发展的过程中，其内涵已经逐渐发生改变，通过与信息科技、娱乐活动、人文元素的结合，使其成为全球范围内最为独特的文创产品。而价值的传承是游戏作为文创产品的目的所在。在游戏产业的野蛮生长时期，生产商将经济效益作为第一要义，从而使游戏产业陷入了过度娱乐化的困局，而当游戏逐渐向功能性转向，也不乏开发者对其娱乐性和体验感提出质疑，认为功能游戏的普及将损害游戏产业的经济利益。如何平衡游戏的文化价值与商业价值，使二元价值能同步提升，形成良好的循环，也是游戏产业未来发展所面临的重大考验。

发挥游戏的媒介优势，让科技与文化深度融合，是提升二元价值的重要途径。游戏作为第九艺术，它的互动性和沉浸感是其娱乐属性的源泉。而作为游戏开发者，在努力满足玩家娱乐需求的同时，更应该让玩家从游戏中获得更多对真实世界的理解和共鸣，让游戏创造的奇幻瑰丽的虚幻世界成为文化引导与教育传承的载体。从一些游戏产品的实践中，也可窥见未来游戏行业的总体趋势，如《天涯明月刀》对宋代造船技术“水密隔舱”的还原，《自由幻想》对八仙文化的追溯，《QQ华夏》对《山海经》中奇珍异兽的再现，《王者荣耀》对长城、敦煌古建筑的科普宣传等。游戏正在以数字化技术的崭新形式探索传统故事的讲述，以生动有趣的图画影像展现古老文明的风韵，以润物细无声的教化方式实现更多元的社会价值。作为最容易被年轻人所喜爱和接受的新兴媒介，游戏所提供的“心流”体验，可以围绕其本身的核心乐趣，唤醒玩家的工作学习效率。

提升二元价值同时应该强化企业责任意识，当游戏成为越来越大众化的娱乐选择时，也急须整个游戏行业和社会一起缔结一份新的契约，共同守护未成年玩家的健康成长。进一步强化防沉迷机制，引导未成年玩家健康游戏刻不容缓。在未来，游戏企业应该建立更严格的身份审查机制，对于进入游戏的玩家身份进行精准核实；并在游戏过程中设置游戏行为监管，根据游戏玩家的游戏时长、游戏表现进行判断，建立行之有效的游戏收益终止方案；同时还可以通过答题等副本内容，对未成年玩家进行教育，使其更加深刻认识到游戏成瘾的危害，提升玩家自身的保护意识。

同时，不断推动游戏创新，走精品化游戏路线，也是提升二元价值的必然要求。政府出台的游戏行业相关政策，必将推动游戏行业的“供给侧”改革。随着总量的控制，对于游戏质量的要求将不断提高，若想获得社会价值与商业价值的双丰收，就必须回归游戏生产的初心，不断提高游戏产品的创新性，设计出更受玩家喜爱的游戏作品。

（本章是与研究生陈雅佳合作完成）

第九章 《恋与制作人》：恋爱类游戏的创意与误区

有人说2017年是游戏市场的寒冬，很多中小游戏公司都被市场淘汰，而叠纸网络公司则凭借《恋与制作人》，用不到两周的时间便挤下《王者荣耀》，登上苹果应用商店免费游戏排行榜的第二名，DAU（日活跃用户数量）超过200万，日流水破500万，其中女性用户占比达94.2%。“一群女人可以成就马云，同样可以成就一款游戏”，这句话用来形容《恋与制作人》的异军突起可以说是恰如其分。一时间“李泽言的黑卡”“周棋洛的薯片”等相关话题刷爆了各大社交平台，女孩们集体宣布“恋爱了”。

作为一款现象级游戏，《恋与制作人》的成功，鲜明地体现了当下网络文学与网络游戏深度融合的趋势：网络文学借助网络游戏的仿真体验让文学幻想变成极其真实的生活场景，并增加了互动选择的可能性，而网络游戏则借助网络文学的剧情、情感与对话增强了游戏仿真的情感体验和丰富想象。实际上，在《恋与制作人》之前已经有部分国产游戏开始探索网络文学与网络游戏之间的联系，以橙光游戏为代表的游戏平台针对女性向市场，将游戏按题材划分为现代、古风、架空等市场。这一类的游戏不仅在题材分类上与网络文学相似，在游戏设计上也主要以网络文学为蓝本，游戏玩法较为轻量，可以被看作是网络文学的可视化。而随着以《微微一笑很倾城》《三生三世十里桃花》《盗墓笔记》为代表的网络文学头部IP进入游戏领域，网络文学的IP化特征日趋明显，通过文学作品本身的粉丝黏度为游戏吸引流量，游戏则通过对文学内容的浸入式体验，进一步深挖内容价值。而《恋与制作人》则呈现出与之前的作品不一样的特征，在剧情和人设的基础上，具有更强的仿真性特征，为玩家提供更为真实的情感体验，正如游戏宣传所言“满足你所有的少女心，来一场超真实的恋爱吧”。

一、基于女性情感需求的仿真体验的创意设计

“乙女”这一名词来自日语，意思是“未婚的年轻女孩”，而讲述少女恋爱的游戏则被称为“乙女游戏”。从1994年第一部乙女向游戏《安琪莉可》的出现，到之后的《薄樱鬼》《遥远时空中》《心跳回忆女生版》，乙女向游戏在日本拥有了广泛的市场和较为固定的游戏模式。这类游戏通常采用女性后宫向模式，围绕一个女主和多个男主的恋爱展开，以唯美的画面、帅气的男主、浪漫的剧情作为主要卖点，通过与不同男主间的好感度，达到不同的游戏结局，充分满足女性玩家需求。这一类游戏又被称为文字冒险类游戏（后文称AVG）。由于其以小说作为底本，因而这类游戏又被称为“电子小说”或“交互式小说”。在中国的语境中，由于其故事题材、语言风格、人物设定都与网络文学高度相似，以橙光为代表的游戏甚至完全基于网文进行衍生，但又同时兼具了游戏独特的互动属性，我们可以将其视作一种以游戏仿真来讲述的网络文学。

但此类游戏仿真网文长期以来并没有得到良好的发展，国内的游戏商多将目光锁定在男性用户身上，对于女性玩家群体缺少关注。随着游戏市场用户存量增长的继续放缓，唯有争取到更多原有用户结构之外的玩家，才能带动游戏的不断发展。叠纸网络公司正是看准了这一片尚未开拓的蓝海市场，在主打换装的《暖暖》系列收割大批女性付费用户后，又进一步在女性向市场深耕，推出《恋与制作人》，开创我国乙女向手游先河，更开启了游戏仿真网文的新模式。其成功正是源于叠纸网络公司对于女性玩家这一细分市场的理解。

与男性玩家的游戏心理不同，女性玩家在游戏仿真的互动参与中，更注重情感参与，而乙女向游戏的重点则在于如何为女性用户提供自我满足、创造恋爱的感觉。《恋与制作人》无疑深谙其道，通过玛丽苏的剧情、二次元的完美人设和浸入式的互动方式，为所有玩家提供了一次令人脸红心跳的恋爱体验。

（一）玛丽苏式剧情

“玛丽苏”最早起源于网络同人小说，后被大量影视作品所沿用，可谓是一种经久不衰的剧情模式，即使一再被诟病为“无脑”，却依然引得大批女性为其买单，其核心就在于“少女心的贩卖”。“少女”无疑是每个女人都无法拒绝的标签，从2017年年中流行的“精致的猪猪女孩”到“中年少女”，无论什么年龄层次的女性都渴望一颗永恒的“少女心”。除了拒绝承认变老，这也是一种焦虑和压力的自我消解。心理学上称其为“退行”机制，指的是成年人在遇到特殊的情况，如巨大打击或严重焦虑的时候，有意或无意地表现出与自己现阶段年龄不相符合的行为，目的是通过幼稚的行为让自己能够受到别人的关注或者得到别人的帮助，从而使自己处在一个相对安全的环境里，确保自己的需求得到满足。女性对“少女”身份的坚持，一定程度上也是想借助年幼的身份，为自己获得更为安全的现实空间。正因如此，以“少女心”为切口的内容产品，恰好能戳中女性用户的痛点，疏解现实压力，解决对现实中两性关系的不满①。《恋与制作人》的游戏剧情也继承了网络文学这一经典的剧情模式，并将作为核心玩法的剧情分为主线和支线两大部分，主线剧情致力于实现女性用户的自我认同，支线剧情则强调用户的情感需求，给予女性用户最大程度的宠爱，充分满足每颗少女心。

---

① 全媒派：《被“贩卖”的少女心：从社交到游戏，“乙女”文化如何搅动内容市场》，http://36kr.com/p/5111564.html，访问日期：2018年1月5日。

首先，不得不提的是《恋与制作人》独树一帜的世界观，游戏仿真世界由构筑于恋语市的现实世界和evolver（超能力者）的超现实世界组合而成。在现实世界中，女主只是一名普通女孩，刚刚接手了爸爸濒临破产的制作公司，为了不让爸爸毕生的心血——《发现奇迹》栏目化为泡影，女主必须通过自己的努力重振家业，完成自己的梦想。这样一个灰姑娘似的路人女主，更容易让玩家产生自我投射，而女主在工作上遇到的困难、在生活上拥有的烦恼也能让玩家感同身受，增强对角色的代入感。但与现实生活的艰辛不同的是，在女主身边有四个不同类型的优质男主，他们无一例外地表现出对女主的呵护，并通过技术指导、资金支持、人脉资源等不同方式为女主的梦想助力，无条件地给她提供帮助，解决她所遇到的困难。综观《恋与制作人》的核心付费人群，30岁以下的公司女职员占据七成以上，这一群体正处于初入职场阶段，必然在工作和生活中面临着与女主同样的压力，基于现实生活设计的剧情更能让她们产生亲切感，不论是节日加班还是方案被否定，都将现实与游戏融为一体，而游戏中男主们的体贴帮助，也让生活中无法疏解的压力得到有效释放。

而在evolver的超现实世界中，随着女主的一次次遇险，一个名为“黑天鹅”的人类进化计划浮出水面。我们了解到有一群人试图通过研究evolver的基因，寻找改变人类基因的方法，而evolver中的特殊能力者被称为Queen，她的基因能够唤醒和增强其他人的能力，也是“黑天鹅计划”启动的关键。通过剧情的种种暗示，我们不难发现这个核心Queen就是女主本人，这也完成了女主从平凡的“灰姑娘” 到超能力“公主”的转变。她预知未来的超能力，使她的命运与人类的未来紧密相连，这样的设定有效地提升了自我认同，并增加了男性人设的丰富性，扩展了剧情深度。

而支线剧情则以恋爱为主，通过四位男主与女主的日常事件互动，增加人物的好感度。相较主线来说，支线剧情的叙事性较弱。主要功能则是在与主线不冲突的前提下，进一步反映男主性格、补充细节、增加浪漫氛围。虽然支线剧情上不如主线出彩，却增加了玩家的自主性和游戏的精细度。玩家可以根据对角色的偏好打开约会副本，选择与心仪的男主进行不同主题的约会，而在收集卡牌的过程中还有几率获得男主电话或朋友圈的奖励，在城市漫游玩法中则可以触发与男主的偶遇，甚至还新增了伴你身边的环节。这一系列的剧情设计，都指向对于恋爱的模仿，二次元男主撩人的情话、及时的嘘寒问暖、秒回的信息，直戳女性用户对于现实两性关系的不满，在有效提高各男主的粉丝忠诚度的同时，为用户营造真实的恋爱体验。

（二）标签化完美人设

人物设定是乙女向游戏的核心所在。游戏商的目标十分明确，就是要卖男主的人设及其背后的恋爱幻想，这种消费与三次元的追星有些相似，但是在故事性上要求更高。由于中国的乙女向游戏市场尚未成熟，《恋与制作人》在人物设定上并不如日本的同类游戏那么精细，而是走大众化路线，但正是这种标签化的设定，更容易使玩家确定自己喜欢的角色，以尽可能少的选择征服尽可能多的用户。所以在四个男主身上我们不难看到各种网络文学中经典人设的缩影，同时，游戏中的超能力体系，又能给玩家带来不一样的体验。

最为经典的莫过于李泽言的霸道总裁设定，这一人设最早出自网络小说里的“总裁文”系列，在各类影视作品中经久不衰，同时也经历了三次升级。第一代的霸道总裁以《流星花园》中的道明寺为代表，有着家世显赫和性格跋扈的特点，除了外表和权势没有其他可取之处，这一代的霸道总裁需要女主花费较多的时间和精力对他进行感化，才能逐渐完成从男孩到男人的转变。第二代的霸道总裁以《微微一笑很倾城》中的肖奈为代表，属于高智商低、情商类型，虽然有较强的个人能力，但是在社会交往中存在一定障碍，需要通过与女主的相处完成性格的转变。而李泽言则可谓是霸道总裁3.0版本，在吸收了前两代的优势后，还新增了韩剧《来自星星的你》的都敏俊式超能力——时间控制，可以随时为了延长约会而停止时间。这样一个既能在工作上给予女主帮助支持，又能在生活中流露出温柔孩子气一面的霸道总裁，无疑收割了大批女性玩家的芳心。

而周棋洛走的“小奶狗”人设路线也大受欢迎，当女性经济独立，拥有更强的自我意识后，对欲望的表达更为彰显，“年轻、乖巧、易调教”成为她们的择偶标准。根据小说改编的影视剧《夏有乔木　雅望天堂》的热播更是为这种倾向推波助澜。依靠单纯可爱的外表和阳光开朗的性格，周棋洛的人设更容易激发女性玩家的母性，而对女主的无条件依赖，也带给玩家一种“养成”式的情感体验。但“小奶狗”绝不等同于“小白脸”，周棋洛除了闪亮的外形，还拥有全民爱豆、黑客大神这两重极具反差的身份，在增加角色性格丰富性的同时，也吸引了一批想体验与偶像恋爱的“饭圈”粉丝。

与周棋洛的“小奶狗”不同，白起被玩家们戏称为“小狼狗”，这一类人设的特点是专情且有一定的侵略性，因为性格较为贴近现实，所以这一角色的受众面是最广的。作为女主同一高中的风云学长，白起从那时开始就已经深深地爱上了女主，这么多年一直没有放下，再次重逢后更是死心塌地，并一次次拯救女主于危难。在四个男主中，白起的超能力是最具有剧情推动作用的，他可以控制风，所以只要女主遇到危险，他都能第一时间得知，并飞到女主身边。而警察的身份也让他的感情变得更加禁忌，发乎情止乎礼，让玩家欲罢不能。

许墨的腹黑人设也拥有较为广阔的受众基础，不论是古装“穿越”还是现代商战题材的小说中，总是不乏这样冷酷又多情的存在。人物本身智商超群而又彬彬有礼，拥有读心术的他最懂得女主的需要，相处时更是从不掩饰强烈的情感，撩人的情话张口就来。但他同时也是危险而复杂的，所有的行动背后的目的让人捉摸不透。但正是因为他这种腹黑的属性，更容易让玩家对其动因进行联想，从而产生怜悯之情。获得敌人的爱，也可以当作对女性魅力的最高赞誉。

相较于娱乐圈流行的接地气、喜剧感的不完美型人设，不论是网络小说还是乙女向游戏都有意塑造完美无缺的恋人形象，尽可能满足女性玩家对于恋爱的期待，从而达到提高人物粉丝黏度的效果。《恋与制作人》的人设，无疑更多源自本土网络文学的丰富资源，它无疑显示出网络文学与游戏之间相互融合模式的范例。

（三）浸入式互动体验

不管四位男主的人设多么完美，他们仍然与玩家隔着一道难以逾越的次元壁，而想要开展一场跨次元的恋爱，无论是网文还是游戏，必须能为读者/玩家提供浸入式的仿真互动体验，让玩家进入一种“拟社会关系”之中。这也正是作为网络文学新物种的文字冒险类游戏的优势所在，它更容易通过交互式体验，将小说中的文学幻想还原成真实的生活场景，实现玩家与游戏角色的共情。

首先，游戏仿真网文所追求的互动叙事，渴望让玩家成为“戏中人”而不是“旁观者”。为了达到这一目的，在游戏仿真网文中的女主是一个尽可能被无限弱化的角色，以营造一个第一人称视角的体验，在场景中尽可能多的将镜头放在男主身上，即使有女主出现的画面，也从特征上进行了大众化处理以适应更多玩家。在人物塑造上也有意忽略女主的个性化塑造，并且玩家可以自行设定女主的名字，而这个名字会在剧情中体现为玩家的代号，进一步让玩家感到自己就是女主本人。

其次，《恋与制作人》在游戏外围世界的设定上也做了增强代入感的处理，游戏仿真网文中的恋语市与现实世界有着很强的同步性。一是时间上的同步，为了方便游戏运营活动的开展，游戏时间多与现实世界存在共时，这样当我们欢度佳节的时候，在游戏中也能收获同样浓厚的节日氛围。例如在春节期间，四位男主纷纷通过电话、短信送来新年祝福，玩家还可以通过新年系列卡牌开启新春约会剧情，不论是害怕催婚而带白起回家，还是和周棋洛一起贴春花打雪仗，都能让用户感觉到二次元男友时刻在身边的陪伴感。二是事件上的同步，例如在全国出现大面积降温时，许墨会发来短信叮嘱女主多穿衣服，春运开始时，周棋洛主动提出帮女主买车票。这些对于玩家生活中现实事件的参与，带给玩家更强的及时感。三是生活习惯的同步，作为一个以娱乐圈为背景的游戏，在恋语的世界里不论是追星文化还是吐槽文化都与现实世界别无二致，在每一次制作环节结束后，都会根据得分等级获得观众的吐槽，这也增强了制作环节的真实感。

《恋与制作人》中最值得一提的还是游戏仿真中极为逼真的手机系统，分为信息、朋友圈、公众号和录音四部分，从界面到操作模式几乎与真实的手机系统一模一样。这一系统主要从视、听、交互三个方面，增强玩家的浸入式体验。视觉是沉浸式体验的基础，所以在这一系统的美术设计上，游戏并没有大力着墨，而是着重还原的同时，增加细节的点缀，例如在与不同角色通话时，会有其插画作为通话背景，帮助用户带入情境。短信系统中，当玩家选择了回复内容后，会出现“正在输入”的字样，仿佛他真实存在世界上，紧握手机期待着屏幕亮起。而听觉作为情感的触发器，在仿真体验中一直承担着情感嫁接的作用，将期望玩家产生的情感从声音转移到游戏情节中去。从每个男主不同风格的BGM（背景音乐）就能够看出这款游戏对于音乐的严苛和极致体验追求。在此基础上，游戏还邀请了著名的声优为游戏人物配音，从听觉方面丰富了人物形象，增强剧情体验。甚至还推出了四大男主的语音包付费项目，不论是失眠还是不舒服，都有四位男主的声音陪伴你左右。而交互则是为了实现用户与男主更真实的交流，玩家可以通过选择不同选项回复短信，从而展开不同的对话，且每条选择路径都是诚意满满，不存在所谓的最优解。在朋友圈的回复也采用同样的模式，并会有其他角色的评论互动，一定程度上展现其他人物性格，构筑一个具有真实感的女主社交网络，从而营造出一个可视、可听、可感的游戏仿真的世界。

二、基于女性游戏玩法逻辑的网文仿真体验构建

《恋与制作人》的成功，不仅在于以网文叙事、人设和情感体验丰富游戏的仿真体验，而且还在准确理解女性游戏的逻辑的基础上，充分发动游戏仿真的玩法逻辑，增强其网文消费的游戏体验。

经过《糖果粉碎传奇》《奇迹暖暖》《开心消消乐》等游戏的挖掘，很多游戏厂商都发现了女性玩家的潜力。有数据显示，在以休闲游戏和轻量化游戏为主导地位的移动游戏领域，女性玩家为游戏公司带来的收入已经超越了男性玩家，甚至隐有与全局游戏中男性玩家“氪金”总和相持平的趋势。但仔细观察游戏市场，目前市场上绝大部分核心游戏的玩法设计仍是基于男性思维，游戏所规划出的挑战与深度也是适应于男性玩家的。这就导致女性玩家只能转向其他类型的游戏，而设计者则将其归因为女性玩家偏向操作感弱、玩法简单的游戏，但事实上，女性玩家并非喜欢简单的游戏，而是由于与男性性状上的差别，造成了玩法偏好上的不同。《恋与制作人》恰是在玩法设计上以精准的女性视角，发掘女性玩家喜好，才能够更好地保证玩家留存。

（一）结果导向的收集养成

女性对于收集养成的爱好，可以追溯到原始社会的社会分工，男性以狩猎为主，决定了男性玩家在游戏中对于“征服”的偏好，例如很多MOBA（多人在线战略竞技游戏）游戏，正是利用击杀对手、掠夺对方经济资源使玩家获得优越感，这也是对于男性征服本性的模拟。而女性的社会分工则以采集和繁衍为主，虽然这一形式逐渐在进化中演变，但是女性热衷于收集养成的本能却仍然延续了下来[①]。正是这一本能，构成了《恋与制作人》的核

① 游戏葡萄：《从心理学的角度谈，女性向游戏还有哪些发展空间？》，http://gad.qq.com/article/detail/44389，访问日期：2017年5月12日。

心玩法。

《恋与制作人》的收集系统主要还是以卡牌收集为主。玩家通过许愿树抽取的方式获得羁绊卡牌，分为钻石抽取和金币抽取两种形式，钻石抽取可以保证一定抽到R级以上卡牌，而金币抽取则无法保证等级。这种设计有效提高了游戏的付费率，同时利用抽卡的概率性激发玩家赌博心理，提升幸运感。为了保证玩家的留存度和新鲜感，游戏确保了卡牌的画风精美和数量充足，每个男主在图鉴中对应拥有属于自己的41张羁绊卡牌，且每张卡牌都有对应的触发剧情，玩家在收集卡牌的同时也能收集到男主更多的短信、朋友圈作为奖励。为了鼓励收集玩法，游戏中数量少于两张的卡牌无法流逝，以确保每一张获得过的卡牌都能计入玩家成就。收集卡牌的过程更加讲究人与环境的交互，也就是探索性，可以让玩家在游戏内体验游戏本身带来的乐趣，同时在游戏外主动进行二次传播，例如晒出获得的稀有卡牌，这样的分享行为在不打断游戏体验的同时，也可以更好地满足玩家的社交需要，为玩家积攒社交货币。

而养成系统走的是“抽卡—升级—升星—进化”路线，以提高卡牌属性作为养成目标，并且每一阶段都设有里程碑式奖励激励玩家进行养成。从抽卡来说，作为一个付费点，游戏开发商主要是控制卡牌的产出，在一定程度上刻意拉大付费玩家与免费玩家的差距，使付费玩家得到炫耀性满足。而升级在属性提升上的作用较小，且受到上限的严格控制，主要起到消耗体力、推进日常任务，以及为升星提供基本条件的作用，属于低成本、低收益的养成方式。升星相较升级而言所需要的成本更高，需要收集主线关卡中掉落的道具并花费金币，但同时也能够获得更为可观的回报。除了可以获得男主短信奖励，还能够通过获得羁绊诺言，打开约会副本。而进化的门槛则更高，进化所需的大量材料只有精英关卡才有机会掉落，且需要重置关卡次数，对于玩家的付费能力存在极大的考验。进化后卡牌的属性得到大幅度提升，同时还能彻底变换卡牌的CG立绘，提升卡牌价值，增加收集乐趣。

收集养成系统主要以结果为导向，以既得利益作为引导，促使玩家提升游戏能力、延长游戏时间、达成相关成就。

（二）过程导向的剧情体验

相较男性而言，女性的右脑更为发达，因此很多时候女性感官的敏感度远高于男性，对外界信息的收集与捕获也更为敏锐，但由于较为缺乏左半球的数据模型分析过程，对于需要过多计算、时需分析、数据整理的游戏并不在行，但这并不能理解为不善于处理复杂的事情。事实上，在处理声音、图像等复杂介质方面，女性更具有优势，这也就解释了为什么在进行一些需要自助加点的战斗类游戏时，女性玩家明显感到吃力，而在音游方面则很容易上手。右脑所擅长的感性思维，也在一定程度上影响着女性玩家的玩法偏好，使其更加注重在游戏中的感性体验，很多男性玩家在进行游戏时，都会选择跳过冗长的剧情，而对于女性而言，剧情所带来的情感投入有效地增加了对游戏本身的认同。

从游戏类型来看，文字冒险类游戏除了对剧情本身的要求，剧情的体验方式也成为决定其核心玩法的关键。一般的主机版AVG游戏由于采取一次性付费的方式，所以剧情体验的完整度更高，玩法主要以通过分歧选项攻略角色为主，在购买游戏后可以选择一次性通关。而改编成手游后，游戏本身是免费的，为了增加游戏收入，只能将剧情作为主要付费点，所以，以剧情吸引玩家留存成为首要任务。剧情体验一般与其他玩法相结合，例如《梦100》结合了三消玩法，而《歌之王子殿下》则融入了节奏类音乐设计，《恋与制作人》则是以PVE（玩家对话环境）形式的卡牌战斗推进剧情体验。

在主线剧情章节，战斗关卡与剧情内容交错分布，只有赢得关卡胜利，才能解锁更多剧情。而在拍摄副本中，战斗更是成为主要内容，需要成功完成三次战斗，才能获得一个完整的副本剧情，大大延长了剧情的体验时间，也更符合手游碎片化的使用特点。而游戏的战斗系统为了更贴近女性玩家使用特点，在延续《奇迹暖暖》核心的数值比拼玩法的同时，进行了进一步的简化，降低游戏的计算门槛。《恋与制作人》中的卡牌属性减少为四个，并且减少了相对属性的概念，单纯以数值大小作为比拼标准，且卡牌数值与关卡要求数值不再隐藏，玩家可以更为方便地从现有卡牌中寻求最优解。根据女性感官敏感的特点，每张卡牌突出的数值属性都以特定的颜色标出，方便玩家更有针对性地进行养成和挑选①。将战斗与剧情相融合的体验方式，虽在一定程度上损害了剧情完整性，但更好地适应了女性用户轻度化、休闲化的游戏习惯，提升了游戏乐趣。

三、对女性玩家的理解误区

作为我国乙女向游戏或游戏仿真网文的拓荒之作，《恋与制作人》的表现已经可圈可点，但是如何维持玩家热度，避免昙花一现的悲剧，就必须要从根本解决其对于女性玩家的各种误区，更好的从女性视角出发，为女性玩家铸造甜蜜的恋爱童话。

（一）用户形象的误区

春节期间趁着《恋与制作人》的风头正劲，开发商发布了一系列新春主题广告，霎时在玩家中引发了轩然大波。第一支广告以返乡大巴为背景，五个女孩为了哪位游戏男主更好争论不休，最后在“别吵了，加好友送体力就行了”中化干戈为玉帛。第二支广告则是闺蜜聚会，当其他人都在炫耀老公买的包包、钻戒时，女主拿出了四台手机，骄傲地秀出了自己的四位游戏男主。第三支以催婚为主题，女儿信誓旦旦地对妈妈说：“有个男人叫李泽言，对我很好，还教我做布丁。”不明真相的妈妈立刻放下

① 千霜：《谈<恋与制作人>“二次元女性向”可能还是个蓝海》，http://gad.qq.com/article/detail/38356，访问日期：2017年12月30日。

心来，还嘱咐女儿明年带回来看看。且不论广告演员的颜值如何，广告中的种种举动就已经为玩家贴上了无脑、分不清现实、大龄剩女标签。这样潦草的解读，只会导致用户的流失。

而除了官方道歉声明中所说的“广告把控不严”，广告也暴露了开发商在进行已有用户画像和潜在用户定位时存在的偏差。首先，从统计数据来看，《恋与制作人》的核心用户多集中于一线城市，且受教育程度较高。这一群体的女性具有较好的经济能力和自我意识，正如前文所述，她们的游戏目的只是为了满足少女心，释放生活压力，而并非通过游戏逃避现实，更不会分不清游戏与现实的界限。其次，游戏存在价值观的强行植入。正如第二条广告所表现的，女主的朋友们都显示出了明显的拜金主义特征，以物质作为炫耀的资本，而这样的价值观在游戏中也有所体现。例如李泽言生日时出现的道具黑卡，虽然成功引爆话题，但其背后所蕴藏的价值观也使这个主打浪漫爱情的游戏，蒙上了一层世俗的阴霾。而游戏最为重要的“陪伴”价值，在广告中并没有得到很好的体现。

游戏成功的第一步在于找准自己的用户群体，发掘潜在用户群体，而不是凭借带有偏见的臆想，制造出脸谱化的用户形象。

（二）社交方式的误区

任何一款游戏都离不开社交体系的设计，开发商大都怀揣着通过社交关系的建立从而增加用户黏度的梦想，同时希望可以通过已有用户对流失用户进行召回。为了达成这一目标，游戏通常都会设置添加好友的任务，而这些好友在任务完成后，通常不会再有其他交际，更不用说建立关系，大部分玩家更倾向于独自体验，或是和现实中的朋友一起组队体验游戏。

作为一款恋爱养成类游戏的《恋与制作人》也没有摆脱社交系统的建立，其社交的方式主要由好友互送体力和PVP（玩家对战）竞技为主，前者仅限于毫无交流的日常任务打卡，后者以异步镜像对战为主，玩家之间不存在共时，且属于敌对状态，更无法达到社交的目的，这样的系统无疑是没有发挥预期效果的。从游戏题材来看，由于恋爱属于私人化体验，恋爱类游戏本身就存在社交缺陷，喜欢不同游戏男主的玩家，分属于不同的阵营，缺少一致性目标。而喜欢同一男主的女性玩家则是以“情敌”的方式存在，也不存在社交动机。为了使社交系统不再形同虚设，必须从玩法上解决这两个问题，即为不同阵营的玩家创造共同目标，比如可以匹配不同阵营的玩家协作进行任务，以团队的凝聚力为其建立社交基础；或是增加相同阵营玩家的凝聚力，比如在游戏中为四位男主组织应援活动，评选人气最高的角色，以增加同好玩家的团结意识。同时，这样一款爆款游戏，其社交价值更多在于游戏之外，许多玩家为了能够在现实的社交中与朋友产生话题而进行游戏。利用这一因素，游戏可以在话题性方面继续着力，通过增加玩家社交货币的方式，同时通过社区运营方式，培育用户的UGC习惯，鼓励同人漫画、小说、情景剧的二次创作，拓宽传播渠道，提升游戏社交价值。

（三）恋爱乐趣的误区

《恋与制作人》并没有得到AVG骨灰级玩家群体的肯定，其主要原因就在于开发商对于AVG游戏恋爱乐趣的理解存在误区。《恋与制作人》固然主打女性后宫向的游戏，希望通过多位优秀男主的追求，实现玩家的公主梦，以提升玩家的自我认同，但同时更重要的是拥有与喜爱的男主交往的体验。一般的AVG游戏都设有共通章节，以展现各位男主魅力方便玩家进行选择，而当玩家通过一系列的选项确定自己心仪对象后，剧情会根据好感度走向对应角色的情节线，并最终得到角色的专属结局。

而在《恋与制作人》中，开发商将恋爱乐趣定位于享受四个男主轮番追求，女主一边吃着李泽言的布丁，一边还给周棋洛打着电话，这样的玩法使得玩家们纷纷吐槽“觉得自己很绿茶”。就如同“饭圈”存在“团饭”和“唯饭”一样，有的粉丝希望众星捧月的宠溺，也有的粉丝需要一心一意的专情。而游戏对于恋爱核心乐趣的单一定位，大大降低了玩家的自由度。玩家无法在主线剧情中攻略角色，只能通过零散的副本剧情提升与角色的好感度，且好感度除了达成成就，并没有对剧情走向产生任何影响。由于主线剧情共通，所有角色根据剧情需要出场，有的角色出场频率较低，损害了粉丝积极性，降低了粉丝对于游戏剧情的期待。作为恋爱养成游戏，《恋与制作人》应兼顾玩家的不同恋爱需要，开展相关玩法，尽可能增加玩家的自主选择，以相同的游戏背景，为玩家提供个性化的恋爱感受。

总体而言，《恋与制作人》在设计和玩法上都为后续之作开辟了思路，但随着女性向游戏市场的逐渐扩大，用户必将在分散后继续细分。如何改进不足，进一步把握用户需求，更新玩法设计，才是值得开发商深思的事情。

（本章是与研究生陈雅佳合作完成）

第十章　网游小说的竞争伦理与价值取向

一、网游小说的研究意义

网络游戏已经成为我国文化产业中规模和成效较大的一种产业类型。中国游戏产业年会发布的《2014年中国游戏产业报告》显示，2014年中国游戏市场（包括网络游戏市场、移动游戏市场和单机游戏市场等）实际销售收入达到1144.8亿元人民币，比2013年增长了37.7%，其中，端游收入608.9亿元。2014年中国游戏市场用户数量约为5.17亿人，比2013年同比增长4.6%。从游戏产业的市场规模和参与人数来看，网络游戏产业无疑已经成为大众文化的重要构成部分。

网络游戏深入玩家的生活之中，尤其在大型的端游如《魔兽世界》《传奇》《地下城与武士》《征途》中，庞大的世界观架设、冗长的打怪练级的主线、丰富的游戏副本，以及游戏中社交、交易平台的建立，形成了玩家对网络游戏极其紧密的黏合度和依赖性。网络游戏不仅提供了一个半封闭、半开放的叙事文本，玩家可以在游戏所设定的封闭框架和规则内部进行打怪练级，同时玩家又可以在游戏主线与副本，在不同玩家之间形成基于个人自主性选择的开放性文本，享受某种程度上的独特创造和个性体验的乐趣，而且在这一过程中，与其他玩家基于某种战斗、练级或社交的理由而形成了线上与线下具有感情认同基础的社交群落（如“游戏公会”“夫妻”“师徒”等），将线上由于游戏构架所提供的交往/联盟的需要与感情的线下延伸结合起来，从而形成某种具有相对稳定性的生活交际和日常情感的小型社交圈。因而，网络游戏的玩家群落形成了玩家用户的精神空间及其日常文化的组织方式，产生了网游独特的亚文化状态。这种以游戏为中心所建立起来的玩家群落，以及所形成的线上线下高度一致的文化融合状态，形成玩家群落现实认同与区隔的文化基础，呈现出玩家群体的精神体验、感情空间、价值结构以及感知机制的特征。

随着我国文化产业的迅速发展以及三网融合进程的加快，在某一网络中具有广泛粉丝基础的内容IP将会获得商业关注并迅速在其他网络和媒介中被进一步开发，如网络游戏改编为网络文学、网络文学改编为网络游戏、网络游戏改编为电影等，同一内容的跨媒介叙事依靠强大的粉丝效应获取商业成功将成为我们今天文化产业发展的重要趋势。《网络游戏用户调研分析报告》中的数据显示，对于网络小说改编的网游，有37.8%的大型网游玩家表示愿意去玩，而有57.5%的网络文学读者愿意玩网络文学改编的游戏[①]，成功的例子有《诛仙》《神墓》《鬼吹灯》《恶魔法则》《天元》《兽血沸腾》等拥有较高阅读量的网络文学被改编为网络游戏。这种产业的融合，正是互联网思维在文化产业发展中的重要表现，多角度深层次挖掘IP粉丝资源是商业成功的保证，这将对我们的文化生态和文化思维产生持续而深远的影响，正如王晓明在为某杂志策划的“网络游戏对当代文学的影响”的博士论坛的主题发言中所坦言，“有一点可以肯定，网络游戏已经改变了许许多多青年人甚至中年人，并且正在更深刻地改变未来更多的青年人和中年人。人变了，别的也都会变。即以中国的文学来说，当那些习惯于进网吧、宅电脑、坐在地铁车厢里玩‘手游’的少年日后成为文学阅读的主体人群，其中许多更成为未来作家的主体部分的时

① 张月婷：《网络文学与网络游戏：一把双刃剑的两面》，http://news.xinhuanet.com/it/2011-05/04/c_121378566.htm，访问日期：2021年12月25日。

候，《传奇》和《魔兽世界》们，势必要把狄更斯和尤奈斯库们挤到一边，充任文学感受和小说构思的首席样板吧？由此强化的那种习惯于在室内的方寸之地和仿佛无边的虚拟世界之间来来回回，并以此组织其他生活感受的心智方式，对于未来的中国文学，也必然有更深远的影响吧？”①但目前我们对这种融合的后果的预测和研究还远远不够。

学术界对网络游戏以及网络游戏亚文化研究的欠缺，除了对网络游戏的重要性认识不够（如认为网络游戏玩物丧志，由于存在青年沉溺网络游戏的情形而产生心理抗拒），还因为对网络游戏和玩家文化缺乏切身的体验，这很大程度上由于对每一款网游的深入了解都是一件耗时耗力的事情。但是，如果没有这种田野调查的功夫，也就无法理解网络游戏的真正魅力所在，在这种情况下，以玩家体验网络游戏冲关过程、记录网游心态和经历为主体内容的网游小说，无疑将成为我们观照这一文化群落的有效介质。

网游小说即网络游戏小说，是目前网络游戏文学的重要代表。网游小说大部分是由游戏玩家创作及阅读的，以网络游戏为题材所创作的小说类型。近十年来，随着网络游戏在市场上的不断盛行，网游小说迅速崛起，成为当前网络文学中不容忽视的人气小说类型之一。国内知名网络文学门户如起点中文网、小说阅读网等都开辟了专门的网游小说专栏。

网游小说最早来自玩家对游戏体验的记录和分享。20世纪90年代末，网络游戏《网络创世纪》的民间服务器登陆中国大陆，吸引了最早的一批网游玩家。这一游戏的成功也促使一些痴迷游戏的玩家自发将自己的游戏经历及心得记录下来，在游戏网站的论坛之中发表、传播，引起其余玩家的共鸣。这一以游戏心得为形式的网游文字作品被视为今天网游小说的雏形②。

从宏观上看，按照国内网络游戏的发展历程，网游小说的发展大致

① 王晓明：《从尤奈斯库到〈魔兽世界〉》，《广西城镇建设》2012年第6期。
② 葛娟：《亚文学生产与消费》，人民出版社，2013，第216页。

可分为三个历史阶段："三国"时代、"石器"时代、"传奇"时代[①]。其中，"传奇"时代是网游小说创作逐渐步入成熟的重要时期。2001年，由上海盛大网络公司代理的韩国大型网游《热血传奇》（简称《传奇》）登陆中国，受到玩家热捧，从而掀起了中国网络游戏发展历史上的高潮。《传奇》的火爆也使网络上涌现了大量以之为创作素材的网游小说，如《法师传奇I、II》（"麻烦"著）、《我的传奇生涯》（"古风阁"著）等皆为当时玩家公认的经典之作。自《传奇》始，游戏与文学在互联网的基础上实现了真正的结合，网游小说进一步成为玩家之间交流经验、沟通情感的重要方式，大量玩家成为网游小说的潜在读者，而一批网游小说写手也开始从游戏玩家中脱颖而出。借由游戏的劲风，许多网络文学门户网站发起了以热门游戏为主题的征文比赛，如"麻烦"的经典作品《法师传奇》即为起点中文网《热血传奇》征文比赛第一期的第一名[②]。其后，游戏征文的传统一直作为促进网游小说创作的一大推广模式而保留下来。2013年创世中文推出以热门网游《英雄联盟》《战争前线》为主题的征文比赛，玩家反响热烈[③]。他们创作的小说记录和分享了痛快的游戏体验，抒发了对理想游戏的勾勒，同时也开始从游戏的虚拟影像中，对网络游戏的未来发展提出自己的见解及反思。目前国内网游小说不仅在创作题材上门类齐全，在外部形态上丰富多样，成为网络游戏这一产业链条上的重要一环。

较之网络小说的火速发展，学界对网游小说的研究却尚属空白，对网游小说这一类型小说的概念界定也尚无统一定论。葛娟认为，网游小说有狭义与广义之分。狭义的网游小说主要指基于某一市面上既有的网络游戏所再创作的小说作品，包括网游体验小说及网游同人小说；广义的网游

---

① 葛娟：《亚文学生产与消费》，人民出版社，2013，第217页。

② http://www.qidian.com/book/98687.aspx.

③ http://games.qq.com/a/20130805/013260.html.

小说不仅包含前者，还包含以创作者虚构的网络游戏为背景的小说，以及既有网络游戏的官方故事及其基础上的再创作作品等等[①]。此外，网游小说还可以按文本所叙的游戏背景之虚实予以划分。研究者“百里清风”认为，从作品文本所基于的游戏背景的实有程度，网游文学大体上可划分为实在型、半实在型、蓝本型、半虚构型和虚构型五类[②]。以此标准，网游小说大体也可分为实在型及虚构型两类。实在型网游小说即以某一既有网络游戏为蓝本而进行的创作，故事中的游戏背景、人物设定、情节等均与原游戏相同或者是对原有游戏的扩展。实在型网游小说的创作模式脱胎于传统电子游戏小说，重视展示玩家在游戏中的心得体验，建构理想的游戏体验。虚构型网游小说则是指以市面上不存在的、由作者个人虚构而成的一款网络游戏为叙事背景的小说，性质类似以游戏为场景的幻想小说。值得一提的是，近年来虚构型网游小说渐成主流，这类作品的游戏设定全由创作者虚构而成，玩家可以随心所欲地设计、建立一款符合个人理想的游戏作为小说背景，游戏中的故事主线、角色命运、装备属性皆可以根据自我爱好设定。借由文字的想象力与虚构性，玩家在不同身份（玩家、游戏设计者、作者）间自由切换，突破了以往玩家单一的游戏参与者身份，集游戏的建构者、观察者、参与者于一身，获得多角度的游戏体验。“紫薇朱槿”在《当作家遇到网游》中谈及不同网游类型的游戏心态与创作体验的差异：《龙战》是对单人在异界游戏情境中历险的经历的创作，“在浓浓的山海经背景下探险，永远有走不尽的异域，永远有想不到的妖魔奇观，永远有无尽的谜，永远有无休止的战斗，荣光伟大的使命下有着无尽的热血沸腾的奇遇”，因而充满作者的想象力。与之不同的是，《兰若辞》由于是在玩《倩女幽魂》这一多人团队游戏的基础上创作而成，“与更多的玩家产生了接触与交集，于是这本小说里有着更多的友情以及爱

① 葛娟：《亚文学生产与消费》，人民出版社，2013，第208页。
② 百里清风：《网游文学的心理能量范式研究》，《渤海大学学报》2011年第4期。

情”，是充满情感写作而成的小说。

概而观之，网游小说主要是游戏玩家出于对游戏体验的分享或对已有游戏体验不满进而希望通过文字获得理想游戏体验所创作的小说文本，是游戏的文本化形态。从内容上看，网游小说的叙事套路基本围绕着玩家在游戏场景中通过战斗厮杀、打怪练级终于“无敌”的模式进行，叙事主题单一、粗浅，隐现着现代社会竞争的丛林法则。同时，不论在游戏还是小说中，主人公（玩家）所获得的游戏快感皆与杀戮、暴力、权力等概念紧密相连。游戏世界中的技能、装备等属性的强弱竞争，实则表征着现代社会个体之间能力、财富、阶层的竞争。玩家进入游戏希望逃离现实残酷的物质环境和竞争秩序，却又在游戏中陷入另一个争名夺利的氛围。网游小说的生产、消费展示了玩家们的线上斗争，也表达了当代青年群体对游戏价值系统、现代竞争伦理的反思。因此，以这批玩家为写作主体和阅读主体的网游小说为基础来展开对网游亚文化生态的研究，将是一种更为便捷的方式，因为这些小说将玩家在游戏过程中所遭遇的种种心态、情绪、欲望，以及对于网络游戏的不满、重构和愿望都在文字中获得更为直观的呈现。这即是网游小说的研究意义。

二、网游小说的核心叙事

随意翻看一部网游小说，你便会发现满篇对游戏战争场面的书写。网游小说的战斗叙事植根于当代流行网络游戏最为普遍的战斗竞技类型，以百度“今日网游排行榜”为例，其中人气最热游戏前5名的依次为：《英雄联盟》《地下城与勇士》《完美世界》《穿越火线》《剑灵》。单从这些游戏的名称中，我们就能嗅出十足火药味。其中，《地下城与勇士》《完美世界》《剑灵》是传统MMORPG游戏（角色扮演类）[①]，玩家在游

① Massive（或Massively）Multiplayer Online Role-Playing Game的缩写，中文即大型多人在线角色扮演类游戏。

戏中扮演一个具体角色，通过不断作战以获得战斗经验值，提升扮演角色的等级、技能等各项属性以及装备等各项条件，实现角色在游戏中的成长发展；而以《英雄联盟》《穿越火线》《DOTA》等为代表的格斗竞技类游戏，玩家则需要通过不断作战完成任务打通游戏关卡。尽管游戏具体的类别与故事蓝本不同，但人物成长发展的核心模式都是战斗，武侠、格斗、枪战、魔法，都是不同的战斗方式。不管是RPG（角色扮演游戏）还是竞技作战类游戏，玩家在游戏中都是通过“战斗”这一方式来实现虚拟角色的生存发展，获得人生价值与奋斗快感。因此，虽然网游世界为玩家提供了各类不同的角色、丰富多样的职业和美轮美奂的超真实场景等自由而多样的选择，但有一样是不能选择的——玩家必须通过战斗来生存。因此，战斗叙事也相应地成为网游小说重要的叙事内容。

无论是基于真实游戏的经验分享，还是对理想战斗体验的建构，玩家作为网游小说的创作主体，对小说的战斗场景的叙述主要参照自身既有的真实的游戏经验，在对战斗场景和玩家操作技能的描述中展示了玩家高超的操控技巧。一些小说从头至尾都是由一系列战斗场景铺展开来，这类小说被称为“技术流”作品，一般是高手对自己战斗技能的展示，或者是能力较弱的菜鸟们企图从对高超游戏操控技能的虚构中改进自己在游戏中的不足。

与现实生存伦理类似，玩家在游戏世界中的生存不会一帆风顺，也会由于能力、等级乃至失误而Game Over，但在网游小说中，游戏世界的种种不如意都可以通过文字来补偿。换言之，从玩家身份切换到作者身份，即能通过文字重构游戏场景，获得一种比在实际游戏中更为理想化的游戏体验和快感。“百里清风”认为，网游小说是“玩家释放焦虑和补偿生活（主要是在使用网络游戏过程）中所遇到的挫折的另一种手段，即其心理能量宣泄的特殊途径之一”[①]。对于在游戏中未能尽善尽美完成的或

① 百里清风：《网游文学的心理能量范式研究》，《渤海大学学报》2011年第4期。

者无法完成的任务，玩家可以借由文字的想象力完成。每一个玩家都期望能够在短时间内成为游戏世界中的主宰者。在《全职高手》《高手寂寞》《网游之三界最强》《英灵君王》《超神法师》等小说中，“高手”“最强”“君王”“大神”等词语直观显示出玩家们对完美游戏体验和人物极致成功的渴望。许多网游小说甚至在开头就将主角设定为“无敌模式”，在游戏世界中随时“开挂”，所向披靡。玩家们对理想的、完美的战斗体验的描述不仅是外在对娱乐快感的获取，还在深层次的心理动机上暴露了现代人在社会高度的竞争压力之下，对“快速成功”的极度渴望。

战斗是游戏中获取成功的唯一途径。“战斗”这一行为的本质即“杀人”，“杀”的对象可以是虚拟的敌对人类，也可以是可怖的怪物。玩家需要通过不断“打怪练级”来完成自己角色的等级增长以获得更多权利。“杀人”这个动作包含“生/死”二元对立关系。在游戏里，如果你杀不死对手或者怪物就无法升级，甚至给对手“秒杀”你的机会。实际上，战斗提供了一个更为简易有效的竞争模式：通过短时间的“杀人”，就必然能实现能力、地位、财富的明显增长，并且“只要努力，就能成功”。游戏世界对“高手”的评判主要基于其战斗技能的高低，比如能够在多快的时间内使BOSS掉多少血（生命值）、PK（击败、干掉）掉多少个玩家等。要成为高手就要不断地提高技术、装备来夺取战斗胜利，而谁的战斗技术好，自然也会在游戏中获得更多的尊崇与话语权。鲍鲳在其网络游戏研究著作《网游：狂欢与蛊惑》中，将“杀人”这一游戏世界的生存方式视为网游吸引年轻人的重要因素之一。“网游以‘杀人’为主题制造了一个蛮力、简单、高潮迭起的虚拟世界，这一世界与文明、复杂、平淡的现实世界形成强烈对比。”[①]换言之，我们可以这样理解：游戏世界的战斗，不仅激起玩家们追逐名利的欲望，也提供了比现实世界更易操作、更“简单公平”的竞争路径。通过不懈作战，玩家们，尤其是青少年玩家能够轻易

① 鲍鲳：《网游：狂欢与蛊惑》，苏州大学出版社，2012，第58页。

获取现实复杂而残酷竞争环境中难以获得的成就感。但是，以建筑在他人失败基础上的胜利为标志的成功，却恰恰是现代社会冷酷而功利的竞争伦理的倒影。

网游小说中常常会出现游戏中几个玩家协同作战的场景，几个玩家攻击同一个BOSS。但一些玩家为了在战斗中获取更多的利益，在作战中使计谋、要手段，故意挂掉队友，这些场景与现实职场斗争情景颇为相似。面对利益，不管在哪个时代，人类的竞争关系都存在着。网游小说的一大价值则是展示了作为玩家、作为现代人，在游戏行为中的竞争互动关系。在不断战斗中，或团队协作，或尔虞我诈，“没有永远的朋友，只有永恒的利益”。而这些动态的心理过程掩映着微妙的竞争色彩，是我们难以在电脑屏幕呈现的游戏画面中窥见的。不断进行大大小小的“战斗”是玩家们在虚拟世界生存的基本方式，战斗的目的是为了提高等级、增加技能、获取装备等。在主流RPG游戏中，等级是衡量人物发展状况最重要的属性，通过一定量战斗达到升级所需的相应战斗经验值，角色才能提高一个等级，而只有达到一定等级的玩家，才能加入优秀团队、高级城邦，取得进入游戏副本的资格。反之，等级不达标的“菜鸟”，如想要加入某一团队，往往会遭受歧视或拒绝。简而言之，等级高的可以欺负等级低的，能力强的可以蔑视能力弱的。可见，与现实生活相同，游戏世界同样遵循着强者为王、优胜劣汰的“丛林法则”，但这些情景只有坐在屏幕面前的游戏玩家才能体会，网游小说则将游戏世界的生存情状通过文字的方式予以展现。

“丛林法则”（the law of the jungle）是自然界里生物学方面的物竞天择、适者生存、优胜劣汰、弱肉强食的规律法则。它包含自然属性和社会属性两方面。其中，社会属性是人能够通过自我意志改变自己的生存、生活发展状况、条件、环境等因素。简言之，丛林法则意味在社会中优胜劣汰的竞争秩序。在游戏中，玩家在线上拼技术、拼装备，而线上竞争结果的成败也与玩家在现实中，即线下生活发生关联。网游小说的“线下叙事”从另一角度展示了玩家们线下的生存竞争。

何为“线下叙事”？按照叙事结构，网游小说文本可分为单线（线上）叙事和双线（线上、线下）叙事两种类型。单线叙事的网游小说，其叙事时空只局限于游戏世界，一切角色、场景、人物皆围绕游戏世界进行；双线叙事则包含“游戏世界—现实世界”的双重结构，即小说文本一方面描写玩家在线上（游戏虚拟世界）的成长发展，另一方面也展示玩家在线下（现实生活）的生活经历。

线下竞争叙事展示了玩家在游戏之外的现实生活，同时也展现了游戏与玩家现实生活的紧密联系。在游戏中成为大神，不仅能在虚拟世界获得尊荣，在产业化的网游世界，高超的游戏操控技能已经转变为现实利益。对于职业玩家而言，游戏技术的高低不仅仅关乎在虚拟世界中的生活，也是玩家在现实中的谋生之技，直接关乎玩家作为现代人的生存境况。“蝴蝶兰”的《全职高手》被视为网游小说中游戏生涯类别的代表之作。小说讲述了网游《荣耀》的顶尖高手叶修由于其带领的战队成绩下滑而被人排挤离开，被迫到一家网吧做了网管，后从零开始重返事业生涯巅峰的故事。小说情节勾勒出这样一层关系：个人技术—战队成绩—现实利益。在这层关系中，玩家在线上的战斗竞争的结果已然超越了虚拟世界，变成了现实中所在职业游戏俱乐部的利益，也是个人生存的依凭。叶修生性朴实，在荣耀联盟的商业化过程中，作为顶尖高手却拒绝任何广告和代言，与俱乐部利益产生激烈冲突。线上的竞争失败，也会使职业玩家在线下竞争中处于劣势。叶修因为近几年状态不佳使战队成绩下滑，而新一代天才玩家孙翔则成为俱乐部的新宠。叶修苦苦维系十年的战队就此交由他人，而他也不得不去一家网吧做工另觅出路。小说揭示了职业玩家群体线上与线下由于商业利益和复杂斗争而发生的紧密纠缠，展示了网游行业残酷竞争的职业生态。

虚拟型网游小说近年来日渐成为网游小说界的主流题材。作为小说叙事时空的游戏世界完全是通过玩家的想象而构建出来的，其中不乏对“未来游戏”的畅想。在文本所呈现的“未来游戏”中，玩家“设想了虚拟现实技术的高度发展、网游虚拟财产的合法化，以及电子商务与网游的紧密结合，还描绘了网游虚拟社会的生存体验和人际互动”[①]。虚拟型网游小说是玩家对“未来游戏”的一种畅想，“未来游戏”的最大特质即是游戏与现实在科技主导下实现高度重合，现实和游戏的边界高度模糊。热门小说《重生之贼行天下》《梦幻魔界王》都以作者虚设的未来游戏为背景。未来游戏以生物电脑为媒介，在彼时，人们对现实世界的诸多要求已经转入虚拟世界去获取，正如一位玩家所言：“当代人类是同时生存在两个平行空间的，无论哪个空间取得成功，其意义都几乎是完全相同的。”[②]但尽管社会面貌是“未来”的，整个社会的价值系统却仍是当下社会生存伦理秩序的映射。人物的斗争依然残酷（非生则死），由能力、财富、等级为尺度的价值坐标依然主宰着虚拟社会。同时，科学本身就是现代性的标志之一，自然科学促使现代经济腾飞，因此科技化越高的游戏，越是渗透着简单冷漠的竞争秩序。质言之，计算机和网络只是游戏运行的媒介，游戏的规则仍然是由生活在现代竞争秩序中的现代人所制定的。虚拟世界尽管为现代人呈现了一座充满浪漫主义和英雄色彩的快乐天堂，但不管是MMORPG中的等级、财富、地位，还是最前沿的EVE[③]中的虚拟社会，依然有残酷的现代竞争伦理体系中的符号。

当游戏成为一门可以盈利的产业，除了游戏的运营商，玩家也希望自己的物质投入有所回报，因此网络游戏也很难再保有传统游戏无功利的娱乐功能。网游小说的双线叙事展示了玩家在现实与游戏中的生活切换，

---

① 葛娟：《亚文学生产与消费》，人民出版社，2013，第220页。
② http://www.bxwx.org/b/22/22695/4075956.html.
③ 《星战前夜》（英语：EVE Echoes），是由冰岛CCP（Crowd Control Productions）所开发的大型多人线上游戏（Massive Multiplayer Online Game，MMOG）。游戏设定于科幻太空场景中，玩家驾驶各式自行改造的船舰在超过五千个行星系中穿梭。大多数的行星系通过一个或多个星门（Stargate）相互连结，一个行星系中可包含各种物体，例如行星、卫星、太空站、小行星带等。

更重要的是，它更立体地呈现出玩家在虚拟与真实两者之间的生存关系互动。

三、逃不出的现实规则

从线上的“战争叙事”到线下的“生存叙事”，网游小说叙事主题始终围绕着现代人的竞争关系而展开。但值得回味的是，作为一种以游戏世界为背景、展示游戏体验的类型小说，网络小说无意识地呈现了现代游戏与社会竞争间某种看似对立实则紧密的关系。

在人类活动的种类上，游戏毫无疑问地属于一项娱乐活动。在汉语中，“游”的本义为“游历”“游玩”；“戏”是“嬉戏”的意思。“游戏”一词，在《辞海》中被解释为：“以直接获得快感为主要目的，且必须有主体参与互动的活动”。古希腊人认为，生命活动处于紧张的劳动状态时，即可称之为“工作”；处于生命的闲暇状态时就可称之为“游戏”。亚里士多德认为，游戏是劳作后的休息和消遣，本身不带有任何目的性的一种行为活动。康德也认为游戏的特质是“自由、无外在目的和追求快适”[①]。席勒在《审美教育书简》中则把游戏冲动视为人的审美解放的主要途径。而在弗洛伊德看来，游戏的对立面不是真正的工作，而是现实[②]。荷兰语言学家Johan Huizinga在其著作《游戏的人》（*Homo Ludens*）中，将“游戏”定义为“一种完全有意置身于‘日常’生活之外的、‘不当真’的但同时又强烈吸引游戏者的自由活动。不与任何物质利益相联系，无利可图。按照固定的规则并以某种有序的方式在自己的时空范围内进行”[③]。上述解释都阐明了游戏在人类活动中所提供的娱乐功能、审美

① ［德］康德：《判断力批判》，邓晓芒译，人民出版社，2002，第147页。
② 转引自董虫草：《艺术与游戏》，人民出版社，2004。
③ ［荷］Johan Huizinga. *Homo Ludens*，转引自［英］Jesper Juul：《游戏、玩家、世界：对游戏本质的探讨》，《文化艺术研究》2009年第3期。

功能，呈现了人们对于游戏将人们从现实生活的世俗事务中解放出来的自由潜能的揭示。

游戏区别于其他娱乐活动的特质在于规则的制定。剑桥大学游戏研究者Jesper Juul 博士认为，游戏需要具备的六大核心要素：A.规则——游戏是基于规则之上的；B.多样且可计量的结果——游戏具有多样且可计量的结果；C.赋予可能出现的结果以（不同的）价值——不同的潜在游戏结果被分配了不同的价值，有些是积极的，有些是消极的；D.玩家花费的精力——玩家需要投入精力以影响结果（即游戏是富有挑战性的）；E.玩家依赖结果——即如果有积极的结果就会获得成功和快乐，如果有消极的结果就会感到失败并且不快乐；F.可协商性结果——玩同样的游戏（一套规则）既可以有真实生活的结果，也可以没有①。可以看到，规则居于“游戏”这一概念的首要位置。

任何游戏都包含一套游戏规则。规则的制定，是为了确保游戏过程及其结果的公平性。无论是孩提时代玩过的丢手绢、跳房子、跳皮筋，还是如今的网络游戏，竞争机制都是确保游戏公平的核心所在。有趣的是，游戏的此种建构模式似乎存在矛盾：“娱乐活动本身是一种无功利的放松，但为什么我们又要受规则的限定？”对此，Jesper 给出了这样的答案：游戏规则通过设定可能性行动和事件的区别增加了意义并使活动成为可能。换言之，只有游戏规则设立，游戏行为才具备可能性和意义。也就是说，只有在一定游戏规则的实行下，游戏行为才有意义，在丢手绢游戏中，如果没有胜负机制，胜方从游戏中便难以获取快感，负方也无法被激发出获胜的欲望。规则激发了人们参与游戏的动力，赋予了游戏意义，从棋牌运动到电子游戏再到今天如火如荼的网络游戏莫不如此。但关键之处在于，传统游戏的游戏快感不关涉实际利益，而在以付费为参与方式的网络游戏

---

① ［英］Jesper Juul：《游戏、玩家、世界:对游戏本质的探讨》，《文化艺术研究》2009年第3期。

中，游戏快感却与物质基础紧密联系起来。

网络游戏本质上是以盈利为目的产业，进入游戏需要玩家付费。网络游戏主要的付费模式有时间收费（点卡、月卡）和道具收费两种。当前流行的网游《永恒之塔》《魔兽世界》按照时间计费，《征途》《天龙八部》《剑灵》等则为道具收费。无疑，线下经济实力强大的玩家可以通过大量购买游戏点卡而拥有更多的时间在游戏中获取快乐，而购买成为VIP玩家还可以获得更多的游戏机会和升级福利，而通过购买道具，这类玩家也可以快速获取强大的装备，瞬间成为高手。装备的好坏也是决定玩家在游戏世界地位的重要因素。高档装备可以通过战斗或者实体货币购买的方式获得，高等级的装备是玩家身份的象征，甚至一些玩家参与游戏的目的就是获取各种高级装备来“炫富”。游戏准入机制的功利化、游戏规则的市场化，都是现代市场经济竞争秩序的直观投射。与此同时，不仅进入游戏需要物质门槛，游戏本身甚至也演变为现代人谋取利益的工具（卖装备、职业玩家）。游戏世界纵然能够为玩家提供愉悦，但愉悦的获得也需要以大量金钱为代价。“屌丝”在游戏中需要白手起家，辛苦打怪以提高自己的技能和装备；对“高富帅”而言，通过金钱，游戏中的高级装备与游戏快感都可以更为轻松地获取，这部分玩家也被形象地称为“人民币玩家”[①]。拥有财富就能实现更多的成就，游戏中的生存规则难道不是现实中市场经济“游戏规则”的倒影？网游小说的价值就在于，当玩家的身份转换为游戏之外的创作主体时，也就给予了我们一个旁观游戏世界的第三方视角。因而，被游戏的娱乐场景所遮蔽的金钱规则，在网游小说中得以赤裸裸地展示。

大文化视角电子游戏研究倡导者库里奇认为，电子游戏的研究“不仅应该注意到电子游戏文本之中的内容，更应该注意电子游戏意义生产过程

---

① 鲍鲳：《网游：狂欢与蛊惑》，苏州大学出版社，2012，第38页。

也是一个与其所处文化环境的符号交互过程”[①]。网游小说即以网游世界为背景，那么从玩家的社会身份及其所处的文化环境来观照网游小说的文本，对我们探究网络小说叙事伦理也有着重要意义。

当代年轻人正面对前所未有的生存压力（学业、就业等），在激烈的竞争下，每个人都渴望获得成就感、存在感，掌握生存的自主权，享受食物链顶端的快乐。网络游戏的一大魅力便在于它在视觉场景制作上的超真实化，人物职业、互动机制日渐精细化、人性化，使其画面呈现出一个生动逼真的新世界。并且，在这个世界里，要取得成功并没有那么难。首先，游戏结果是通过电脑数据进行计算，丰富多彩的战斗模式、人物成长的各类属性实际由简单的电脑数值叠加完成。玩家通过不懈地练习作战，打副本、练装备，人物的各类数值就能提升，就能实现发展。同时，网游世界的资源也是无尽的，一种资源的消逝必将伴随新的资源的出现，别人所得到的并不影响你在游戏中继续得到。因此，在网游中，“成功的是大多数，失败的是极少数”[②]。与此同时，相比传统电子游戏，网络媒介的介入使传统电子游戏的人机交互模式实际转换为人与人的交互。而电脑的计算程式相比人在现实生活中所面临的各类因素交织的复杂环境要简单得多，因此在网络游戏的虚拟空间中，人与人之间的竞争方式被大大简化了。换言之，个体在现实世界中的竞争转移到了虚拟世界之中，并形成一种更为简易轻松的竞争机制。所以，玩家获得竞争快感并不是由于游戏帮助其摆脱现实的竞争，而是在于游戏时空提供了一种更为简单公平的竞争方式，让其在另一个世界中，更为快速地获得“荣耀”与“成功”。可见，网络游戏世界的游戏规则与现实的“游戏规则”实则异曲同工。网游小说的叙事主题常常是展示一个“菜鸟”到“大神”的奋斗过

① 吴玲玲：《从文学理论到游戏学、艺术哲学：欧美国家电子游戏审美研究历程综述》，《贵州社会科学》2007年第8期。

② 鲍鲳：《网游：狂欢与蛊惑》，苏州大学出版社，2012，第80页。

程。这一叙事为读者呈现了被游戏世界掩映的一条恒定逻辑：只要努力（杀怪升级），就一定有回报，久而久之就能成为“大神”“高手”。这种“努力即有回报”的意识不正脱胎于现代社会的价值体系？“有志者，事竟成”“种瓜得瓜，种豆得豆”的道理在网游世界似乎更行得通。网络的迷人之处在于它可以实现“努力就能成功”这一绝对公平的奋斗机制。从“菜鸟”到高手，从无到有，只要努力打怪就不断升级，打副本，学技能，赢财富。游戏回避了现实社会中失败与成功所牵涉的复杂关系（出身、背景，甚至运气），省去了阻碍个人奋斗的阴暗面，也更易给玩家带来高度的成就感与满足感。因此才有那么多青年人痴迷于网游所提供的虚假成功而恐惧于真实的人生道路。

网络游戏极力想避免成为现实世界的倒影，但除去美轮美奂的场景符号，它的游戏规则仍是现代社会的竞争伦理与现代个体的生存法则的投射。一位玩家这样形容“游戏中的现实”：“在游戏里，谁不想拥有顶级的装备，谁不想练成高级别玩家呢？因为每一个玩家都清楚，要想在网络游戏这个虚拟世界获得至高无上的权利，唯一的方法就是比别人拥有更好的装备和更高的级别。我们不断地在游戏里打拼高级装备，然而网游是由网游运营商掌控的，运营商可以为延长游戏寿命再给游戏设置新的更高级的装备，这样的话，我们想要继续玩这款游戏，就只能再为一件件装备奔波打拼。”[①]获取高级装备、投入更多的金钱，都只为了享受游戏中更高的名望与地位带来的快感，这何尝不是现实的“游戏规则”？在互联网创造一切的时代，没有哪一种游戏能够像网络游戏那样将虚拟世界做得那样梦幻美好，却又那样贴近现实。

因此，我们在网游小说中感受到那么多玩家在“游戏规则”下的热血、痴迷、挣扎和疲惫。从本质上，游戏的愉悦性被其内在的竞争伦理所

---

① 流水静：《我们玩网游目的是什么》，http://blog.sina.com.cn/s/blog_4eeb853601000d1j.html，访问日期：2021年12月20日。

异化，也就是说，游戏并没有给予玩家真正的无功利的轻松。现代人的竞争只是从现实走向虚拟，从严肃走向戏谑，从线下走向线上，改变的始终只是媒介本身。质言之，在网游小说中，我们可以看到，网游并未从根本上纾解现代人的焦虑和苦闷，因为它所提供的自由和快乐不仅是从与他人的战斗与竞争中得来，同时也需要依靠玩家在现实竞争中得到的物质财富去获取。网游小说笔下，玩家不断在游戏与现实中往返，它向我们展示着游戏与现实的暧昧重叠：游戏并不能带我们逃离生活，相反，游戏世界的规则就是现实生活本身。

（本章是与研究生沈雨前合作完成）

第十一章　底层网络文艺：兴起逻辑及其文化出路

中国已经成为世界上互联网普及率最高的国家，互联网已经成为文化融合的重要载体和中国文化海外传播的重要渠道，不再是年轻人和城市人的“专属”。随着网民的文化参与和互动的增强，文化不再只是精英文化，也不再是精英制造的大众文化，而是真正涵盖各个地域、年龄和职业的网络大众参与的文化。文化参与主体也正从一二线城市向三四五六线城市和农村扩展，从精英群体向年轻大学生、高职和中学生以及打工者拓展。在技术的推动下，原本潜藏的各阶层文化的驳杂底色与底层大众的娱乐诉求被媒介凸显出来，多层次的文化需求塑造了多样化的网络内容样式和社群组织。底层网络文艺正是在这一语境下兴起并引发人们的关注。

一、底层网络文艺的兴起：语境与问题

第一，随着媒介赋权之下网民的文化表达欲望高涨，底层网络文艺作为一种新的文艺形态和网络文化形态得到迅速发展。由于移动互联网的极大普及，广大三四线及以下城镇和农村青年成为网络文化的参与主体，而像直播、短视频等技术媒介表达形式的简易和便捷，极大地带动了广大网民，尤其是原本由于文化门槛和技术门槛而被排除在媒介文化表达空间之外的底层网民，获得了创造、生产和分享自身文化的机会，大量切合底层

社会民众生活经验、日常关系、情感观念和娱乐需求特点（轻松、娱乐、直接）的内容形态和价值内容的出现，极大地填补和满足了底层民众的日常休闲时间，所有这些都极大地促进了底层大众的网络文艺的发展。

由于社会阶层、审美趣味、价值观念、生产主体的差异，在中国网络文艺的整体格局中，也日益分化出适应于网络语境的诗歌、高雅艺术为主体的精英网络文艺，以PGC（专业生产内容）为生产模式、以类型化为内容形态、以精品化为趋势的商业大众网络文艺（当前我国网络文艺的主流形态），以及以UGC（用户生产内容）为主体，带有底层社会心理逻辑，杂糅着残余文化、网络文化以及底层经验的底层网络文化三分的格局。作为这一格局中的一个存在，底层网络文艺因其“土味”“俗气”，而遭遇来自主流大众文化主体的嘲讽，构成网络文化鄙视链中遭受鄙视的文化“底层”。无论是小清新与杀马特、豆瓣评分与猫眼评分、抖音与快手的视频差异，还是嘻哈与喊麦人群的互怼，日益显示出中国当代大众文化的复杂、多元和歧异。

第二，底层网络文艺在资本推动下浮出水面，凸显地下文化“地上化”的特征。喊麦作为一种底层艺术形式存在已经接近20年，早在2000年以前，它就在北方一些城市和农村的迪厅和夜店流行起来，并开始有自己的一套审美体系。它以其“县城 DJ 音乐+拖拉机节奏+数来宝大嗓门+东北腔”的特征，与散磕、套词、另类等说唱形式，一起构成东北说唱体系的一部分，并在互联网兴起之后，曾长期作为背景说唱存在于语音聊天室中。正是随着直播的兴起，在资本和技术的推动下，《一人饮酒醉》等喊麦热曲火遍网络，成为一个兼具视觉形象与声音形象的网络文艺内容，并以其魔性的节奏，一下子从网络直播的分众空间跃入大众文化的场域，并经由大众的模仿和复制，成为大众社会高传播度的“神曲”。

与此同时，腾讯对快手的融资、YY直播与火山小视频以高价抢人邀请李天佑开直播等，背后庞大的产业规模及其经济潜力，让喊麦文化一下子活跃起来。在这种情况下，作为“喊麦之王”的李天佑，以超级明星的待遇被邀请参加《吐槽大会》《演说家》《年代秀》《脱口秀大会》《天天向上》等国内顶尖综艺，还出席了老牌选秀《快乐男声》的发布会，这种待遇与喊麦选手在《中国有嘻哈》受歧视、李天佑提交的喊麦作品被太合音乐推出的“全球原创音乐现金榜（T榜）”拒绝等事件，不断触发大众的眼球效应，构成了歧视链之下的网络底层文化的媒介景观。

第三，底层网络文艺获得社会媒介关注的同时，社会媒介也向社会底层和边缘群体投以“猎奇、审丑和异化”的残酷眼光[①]。2016年6月，霍启明一篇名为《残酷底层物语：一个视频软件的中国农村》的文章在公众号引发关注，快手及其“中国农村世界”正式进入主流社会的眼光。在作者看来，快手上的底层视频播主，以“自虐”的方式引发关注，同时靠打虚假广告挣钱；更残酷的是在视频上面展现的农村儿童病态的精神世界，他们崇拜暴力和胜者为王；他把这归因于广大的乡村被遗忘，最后抒发了对魔幻的乡村现实的认知：“我们今日的时代，真魔幻。一边是高铁飞驰，高楼林立的北上广深。一边是快手中混沌沉沦的中国农村。两个如黑白一样对称的板块，正好构成了一个完整真实的中国。”包括《残酷底层物语》《起底社会摇的内容王国：牌牌琦和他的3000万臣民》等一批文章经由社交自媒体的表达，其“残酷性”“荒诞性”和“魔幻性”一下子抓住了大众的眼球，底层网络文艺作为一种低俗、审丑的现象进入大众视野。但这其中蕴含的猎奇与审丑的他者视野，以及对于底层的偏见，也引发了主流媒介的警惕和学者的批评。如“澎湃新闻”中的《猎奇、审丑与异化，是看向社会底层和边缘群体的残酷目光》《三农学者眼中的乡村“魔幻”叙事：吃饱了，撑的》等文章，就揭示了这种他者猎奇眼光的偏见与狭隘。这一讨论也使底层网络文艺的问题得以凸显出来：如何规避中产阶级的他者想象和窥视眼光，在新时代中国文化的语境中来观察和评价底层

---

① 阿莫：《猎奇、审丑与异化，是看向社会底层和边缘群体的残酷目光》，http://m.thepaper.cn/newsDetail_forward_1481531，访问日期：2017年5月10日。

网络文艺构成一个重要的学术议题和媒介议程。

作为新生的网络底层文艺，李天佑2000多万的粉丝直达一线大牌偶像的身价和影响力，快手App达到7亿的用户量和日活1亿，是排在QQ、微信、淘宝之后的第四大应用，所有这些，都显示出底层网络文艺所具有的活力与影响。但与此同时，快手等拥有广泛底层受众的短视频应用中存在的低俗问题，以及喊麦文化中的价值观取向的误区，正因其对小镇青年和农村青少年影响之广之深，使这些问题更加凸显，从而构成全面治理时代国家网络文化治理的重要议题。

二、底层网络文艺的文化形态与文化逻辑

从喊麦、社会摇、毛毛姐、滇西小哥、野居青年到李子柒，呈现了微文化中的大中国精彩丰富的社会生活。他们立足底层草根的生活土壤，或记录日常生活，展现底层社会不为人知的艰辛、奋斗与尊严；或模仿流行影视的桥段，以充满江湖色彩的英雄演绎表达底层青年眼中的正义的价值；或戏仿都市男女日常心态的微妙多变，以喜剧式表演赢取共鸣；或表达对理想生活的憧憬与努力，记录追寻梦想的历程。

“底层性”是网络文艺区别于精英网络文艺和商业大众的网络文艺的关键。但是，在资本和技术时代的底层网络文艺，底层性却并不是一个本质主义的、一目了然的概念，其既内在于资本、技术的物化逻辑，又不断地在残余文化、网络文化、流行文化之间进行往返建构，它拙劣地拼贴着上述文化，却又不无真实地表达、宣泄着小镇青年和底层群体的内心欲望、挫折和怨怼，显示了底层网络文艺的复杂的文化底色。

底层网络文艺的底层性，首先体现在它扎根于中国土壤，是广大的社会大众日常生活经验的表达，具备极为鲜明的转型中国的文化特征，表达了城镇化进程中中国社会城乡混杂的文化经验，显示了与一线城市都市时尚文化别样的文化景观。与都市时尚文化相比，它可能显得土味十足，

但却具有极为生动活跃的底层智慧。它们并非只是刻板的底层悲苦，从底层青年的自我媒介表达中，展现了一个以往不被熟悉却充满生活趣味、乡土幽默与底层气息的青年群体形象，展现了一个个鲜活的底层青年在媒介赋权之下表达每一种有尊严的生活与梦想的机会。因此，底层网络文艺的“土味”，不仅是相比于时尚新潮的土气土渣，更是充满活力的乡土气息，是社会转型时期的小城镇经验的书写与记录。

其次，因为底层社会青年文化背景与文化资源的差异，底层网络文艺的底层性也呈现出驳杂多样、复杂勾连的文化脉络，它是残余文化、网络文化和商业流行文化之间的拼贴物，展现了底层网络文艺复杂的精神底色。封建思想、保守观念、网络小说、网络游戏和香港流行电影等多元文化元素的拼合构成底层网络文艺的文化渊源，同时也成就了其杂糅、混合的文化样式。在《昨日帝王篇》《一人我饮酒醉》《刀山火海》《忆当年，夺山河》《将军与妓》《梦回当年古战场》等广为传唱的喊麦作品中，不断化用古代的意象，但是这种意象划分并不与古典文化有那样紧密、内在、有机的联系，频频出现的诸如帝王、征战、轮回、夺天下、战江湖等热血词汇，更多的是来源于网络小说，尤其是网络修仙类小说，以及港台黑帮影视剧。快手直播中，社会摇的舞蹈形式，以及诸多校园暴力式的叙事，可以见出底层网络文艺叙事模仿的痕迹，及其对于“江湖”“黑帮”文化的天然喜好。

这种文化形态之所以在底层社会如此兴盛，究其原因，一方面是底层青年的个性追求的文化模仿。由于网络玄幻修仙、网络游戏征战、香港黑社会影视等，经由网络泛娱乐改编的渠道，以及爱奇艺大电影等的再度传播，成为底层青年最重要的文化资源，其中人物的叛逆和个性，也成为底层年轻一代追求炫酷身份的基础。另一方面，底层青年所处的社会环境的生存逻辑，与表现底层社会江湖的上述文化具有某种程度的相似之处，因而热衷于表达、呈现此种身份和权力逻辑。知乎网友“爱睡觉的邓公子”分析到：“空洞豪迈的喊麦作品的确是具有中国特色的文化现象，它的创作者早期都来自底层，步出校门之后的文化培养可能主要来自网络玄幻小说。主角一觉醒来，突然发现自己变成了身怀异能的神人，从此睡遍校花和女总裁，一路打败各种高手，成为九州之王，受万人膜拜。当受过这种文化熏陶的人开始创造‘音乐’作品时，便动不动就要称王致霸，笑傲天下。”

再次，从底层网络文艺的生产和接受形态上看，底层网络文艺在很大程度上源自资本和技术物化逻辑下的网络社交语境和商业模式。以喊麦为例，喊麦歌词中的“帝王”“征战”与YY直播的MC之星的争夺密切相关，平台以竞争的形式不断激发主播和粉丝家族之间的激烈争夺，粉丝一掷数金，为自家播主征战杀伐，夺取王冠，这就形成喊麦直播的商业模式。大量“征战”类歌词在直播间正是承担着实用的战歌功能。比如MC谢小宇在直播间有一首著名的《黑粉战歌》：“三万黑粉传天下，留的古今一神话。今日我已变强大，万里河山在叱咤。滔滔江水万丈红，昔日一战我称雄。风云潜水化为龙，黑粉出征谁不从。”一曲唱罢，就正式开始骂战了。因此，底层网络文艺的“帝王”“征战”“成仙”等词汇，正是出自这种独特的文化语境，网络小说、香港影视等流行文化的虚构内容，与直播间争王夺位的征战游戏，经由偶像与粉丝经济的运作，而被内在地关联起来，构成不同于现实社会的文化情境。

由于头部播主的影响力和号召力，其他底层播主经由“拜师”的形式，通过头部播主的连麦、点名，而获得快速增粉的目的。这就建构起播主及其门徒之间的兄弟情谊，而粉丝则与播主之间进一步形成一种兄弟情感共同体。在GQ杂志的报道中，18岁的豪豪，是一个郑州餐厅的一名服务员，也是MC天佑粉丝团“佑家军”的成员。他说最喜欢天佑逮谁灭谁的劲儿。据说天佑在直播间比较傲，树敌很多，每天都是和其他主播征战。豪豪每个月只有两千块钱的工资，但他都会拿出五百给天佑刷礼物。他说：“老大照顾我们太辛苦了，必须支持他。他在直播间里面有面子，我们粉丝也就有面子。”

在现实生活当中，社会底层往往四处碰壁，但在同样出身草根底层，身份相似、经历相似的偶像身上，他们看到了某种上升的成长的希望。与其他主流商业偶像和明星不同的是，这些底层播主无论多么成功，却始终保持着底层文化的风格，保持着对于门徒与粉丝的义气和关照，并展示着一种庇护的姿态，从而成为底层青年欲望投射的对象和精神信仰的对象。粉丝们在里面投的钱越多，与播主对话几率越高，这样在粉丝群体中的声望也就越高，越有面子。在整个大的直播群体，自己拥护的直播比别人强，自己也与有荣焉。这正是互联网时代底层人尊严如何被虚幻满足的方式。底层社会的“帮扶”“义气”与“尊严”由此获得了虚幻的建构和满足。

最后，从更深层次上看，底层网络文艺通过草根偶像的“英雄叙事”，借助音乐文本和现实人格的多重叙事，将草根与逆袭紧密结合起来，又通过充满简易节奏和魔性的表达，带动社会层面上最广泛的再生产、再复制和再传播，最终实现底层网络文艺对主流社会的深刻影响。

以李天佑等为代表的草根偶像在底层青年受众的号召力和影响力，在很大程度上与他们的草根出身有着密切的联系：同样的底层出身、同样的底层经历、同样面对着爱情和生活的挫败，让这些喊麦播主和社会摇播主与底层受众之间具有较强的情感共鸣；而草根偶像的“一夜爆红”，通过个人的努力最终成就草根超级偶像的地位，鲜明地展现“屌丝”逆袭的成长模式，引发了底层年轻受众的希望。在这一过程中，这些偶像们又以音乐和主演的带有黑社会古惑仔色彩的影视文本来建构“英雄式叙事”，并在英雄的落寞与被背叛中，抒发他们遭受情感背叛的经历或者社会残酷的现实，以其获取受众的虚幻的情感共鸣。比如喊麦的歌词中，拼搏与背叛是他们的写照，“败帝王斗苍天，夺得皇帝已成仙”，既是主播们的幻想，也是粉丝们的幻想。

与此同时，直播间通过夺取MC之王的“家族间”的征战过程建构播主在虚拟现实中的英雄人格。“家族”的征战不是一个人的战争。除了天佑和大主播的战争，还有天佑徒子徒孙的战争。在征战中，播主通过个人魅力和影响力对于门徒的帮扶和提携，不断地增强个人在“兄弟”中的地位和威信，实现了歌词和影视文本之外的现实神化。于是，音乐文本、个人叙事与“家族”叙事共同建构了底层受众的未来希望、情感依赖和虚幻镜像。文本与现实、线上与线下之间也因而获得深度的勾连。

喊麦作品具有极其简易的节奏和魔性，并兼有民间文学可以不断再创作的特点，因而在直播平台的资本推动下，不仅活跃于底层受众空间，而且经由不断复制，像病毒一样进入到空间的传播平台，影响着社会大众，尤其是以青少年为主体的人群。据统计，喊麦80%的听众都是21—30岁的泛90后男性，50%的听众每天听喊麦2—4小时，60%的听众一言不合就打赏，进一步数据显示，60%的听众每月打赏500元以下，而在许多铁粉当中，每月打赏超过20000元的超过20%。由于其内在的文化资源和价值观所存在的缺陷，喊麦的这种影响力引发了主流社会的警惕，尤其当主播不仅涉毒，而且有宣毒的喊麦作品影响年轻受众的时候，就必然遭遇国家的封禁。

三、底层网络文艺的出路

可以说，基于底层年轻受众的社会地位、出身经历和情感特点的喊麦文化和基于底层社会日常生活的快手短视频，代表着当下底层网络文艺最具影响力的两种形式。

喊麦文化的风行，在很大程度上基于底层的欲望现实主义。比如李浩文撰词、MC暴徒演唱的这首带有现实感的《如今的社会》中，就写出了底层社会的处境和希望：“如今的社会，太过于虚伪，每个人脸上都有一层皮囊。”尽管如此，网络空间及其粉丝经济又为其带来了出路：“我爱这个网络，它给了我一个舞台。我喜欢下面游客，给我加油喝彩。”这不仅是播主的真实写照，更为年轻受众带来了在缺乏社会资源的情况下的某种出路的希望。而在大量充满古代意象的帝王征战的歌词中，表达的是帝王征战凯旋，却在夺得天下后内心寂寞的幻想情境，以此寄寓个人的不幸，放大个人卑微遭遇的悲壮性，从而消解庸常生活中的卑微和无聊。如“忆当年，夺山河，一把钢刀斗群魔”“为你乱世称帝王，为你孤身战群狼”“我都不在你心上，夺得天下又怎样”，这些歌词以帝王征战的意象来抒发英雄情怀，然而在江山和美人之间，由于美人的“背叛”，徒增空有江山的挫败和落寞情感，从而把那种卑微的情场失意包装成为一个极具悲壮色彩的英雄叙事。对于底层的年轻人来说，情感的背叛或许真实或许幻想，因而借用帝王、征战等空洞的词汇来反映而能够获得情绪的共鸣。

“诗可以兴，可以观，可以群，可以怨。”以喊麦为代表的底层网络文艺在底层社会的风行，正体现出它作为草根艺术的多重功能。然而，情感的真实性并不必然需要粗俗的语言形式，或者必然只有迎合低俗的价值观与之相称。孔子删诗，正是一种对民间草根文学的雅化和经典化，却并没有因此削弱民间草根文学的价值。实际上，当喊麦本身已经脱离其作为一种底层自发、缓慢形成的音乐的自我发展过程，而是在资本的运作和推动下成为平台流量变现、资本运作的载体的时候，它就不仅仅是一种草根的“底层的呐喊”。平台的责任与其利益是相对应的，诸如YY直播的年度盛典和MC之王的争夺之类热闹的资本投掷的背后，作为底层网络文艺的运作者应该承担起价值引导和艺术提升的责任。

与之相似，快手平台同样不能因为算法技术的单一逻辑，而无视因算法推送带来的猎奇、低俗、色情内容对于受众的轰炸。在遭遇央视批评之后，快手与清华大学合作成立未来媒体数据联合研究院，就是力图在社会建设、内容管理和价值观引导方面进行努力。

底层网络文艺的风行，体现出它作为草根艺术的多重功能：记录生活、表达理想、交流情意、戏仿愉悦，底层网络文艺以其与中国底层社会的深度关联、与媒介技术和产业资本的复杂关系，成为社会转型时期中国“乡土—城镇经验”的鲜活样本。我们要打破对底层网络文艺及其背后的中国基层社会的刻板印象，也要充分注意到其内在驳杂勾连的文化脉络，更要警惕产业资本与媒介技术所可能带来的问题。原本在互联网存在以前沉默的大多数，因为互联网而实现文化表达的权利，底层网络文艺的积极意义就在于显示网络时代的中国文化活力。但作为当下文化创意产业的一个重要构成，网络文艺的社会效益不仅诉诸它的创作者和表演者，更是与资本和技术的策动者脱离不了关系，驳杂多样的文化脉络中也残余落后文化的成分。底层网络文艺的发展由于其草根性、芜杂性和多元性，以及其在功能上的欲望现实主义的色彩，而更加需要运营平台的价值引导。

对于国家的文化治理而言，对底层网络文艺的主流化，需要立足于媒介赋权之下多元化需求的文化现实，处理好不同层次的价值关系。在坚持文化的政治导向、价值导向和审美导向的前提下，在生产和传播环节，既提升文化内容的精品化，又能够真正接地气地满足不同群体差异明显、层次不同的文化需求；在监管环节，能够真正科学地、有效地进行产业引导和满足网民需求。

第十二章　国产数字动画价值取向和表述的误区与突破

近年来，随着促进国产动画崛起的呼声四起，我国出台多种政策支持动漫产业发展，国产动画产量跃居全球第一，但是动画质量却不尽人意，暴力、低俗、幼稚、说教等倾向严重。从2007年至今，热播电视动画《喜羊羊与灰太狼》《熊出没》《虹猫蓝兔七侠传》等或因语言和行为暴力、或因台词成人化和低俗化引发媒体热议，其中某些暴力行为还引发儿童模仿，导致悲剧事件的发生，因此其遭到中央电视台《新闻联播》的点名批评，并引发行业的集体反省，国产动画的质量问题突出地表现为取向失范和价值表述失策。

对国产动画价值观的研究因而成为晚近动画研究的热点问题，但现有的研究往往针对动画文本中存在的价值观问题进行分析，并着重从受众影响的角度来思考国产动画的媒介暴力问题，缺乏从生产的视角来探讨国产动画价值观问题的生成机制及其根源，因而尽管人们对这一问题有各种各样的批评，但如何寻求其根源，完善其价值生成的内外环境，仍然是现有研究的薄弱之处；而对国产动画价值表述方法的研究，更是有所欠缺。因此，本文力图在这两点上有所推进。

事实上，在当代全球文化产业的视域中，动画片的价值取向、表述和传达需要依靠故事创意、技术力量和资本助力才可能最有成效。其中，故事创意是价值取向和表述的内核，突出地表现为生产者的创意思维和呈现方式，从这样的视角切入的研究是从动画本体研究上述问题产生的内部视角和生产视角。

一、动画价值观表述的创意误区

我国动画界缺乏对动画艺术本体的研究，缺乏对动画吸引人的价值内核的理解。为了尽可能吸引观众，在动画电影中融入各种成人低俗的趣味，因而形成动画价值观表述的创意误区。

动画片包含电视动画、电影动画和网络动画三种主要的类型，区别于真人表演的电视和电影，动画片以动画形象为基础，具有高度的假定性，充满着想象、幻想、单纯而美好的精神品质和夸张、抽象、变形的表现方式。正如迪士尼动画的创始人华特·迪士尼所说："我的电影不是给孩子看，而是要展示给还有孩童纯真的人看。就算是我们当中境况最糟的人，也没有将这份纯真遗弃，只是隐藏得极深而已。我的作品就是面向这种纯真的。"①电影蒙太奇理论的提出者谢尔盖·爱森斯坦也曾指出："在迪士尼创作的单纯质朴的世界里，我们人人皆是大自然里的孩子，人类尚未进入由理智与经验引导的阶段。"②正因如此，动画片被视为"成年人的童话"。正是每个人内心所潜存的童年记忆，构成了动画片文化价值的最基本内涵，动画艺术的假定性成为其表现丰富想象和幻想世界的技术基础，并以此释放人类内心对于自由和冒险的精神追求。因而动画片的"童真"价值在于其与成人世界理性化、逻辑化、功利化的世俗追求形成审美距离，并借之反省乃至批判成人世界本身。这是人类童话的价值，它为处于世俗功利社会的人们守护内心的单纯、人性的美好和精神的自由。这正是

① [法]塞巴斯蒂安·德尼斯：《动画电影》，谢秀娟译，浙江大学出版社，2013，第267页。
② [法]塞巴斯蒂安·德尼斯：《动画电影》，谢秀娟译，浙江大学出版社，2013，第245页。

动画片艺术魅力的根源：上天入地的神奇想象、惊心动魄的历险奇遇、夸张变形的形象设计构成动画片观赏的视觉快感，其单纯、理想的人性表述既便于儿童的理解，又引发成人对单纯而充满童真的童年时代的回忆和怀念。

解决动画片的受众全龄段的问题，需要回归动画本体价值的研究和表述。时下过于功利的市场逐利心态、捞取政策补贴的投机心态或推销衍生玩具的宣传心态，都影响了国产动画对于动画艺术本体价值的研究。创制者往往从当下流行的网络文化、成人文化中直接挪用某些流行因素进行简单的拼贴，从而使国产动画充满着“无厘头”、低俗和恶俗的成人趣味，其最直接地体现在台词中。《猪猪侠1·魔幻猪猡纪》中，猪猪侠练习的武功“降龙十巴掌”是由金庸小说《天龙八部》中洪七公的“降龙十八掌”得来的，该动画片还将守护潘多拉之盒的龙命名为“史泰龙”，并且像“实在是居家旅行、出差公干的必备宝物”这些与剧情毫无关联的无聊台词充斥剧中。实际上，作为一部在少儿频道播放的动画片，其受众主要是少年儿童，他们可能并不知道“降龙十八掌”或者“史泰龙”的真正所指，因而这种肆意改编的后果，不仅仅是一种戏谑，而且会对受众的文化认知产生误导。而台词的恶俗更是有过之而无不及，比如将周杰伦的歌曲《千里之外》改成“我送你离开，千里之外，你无声黑白。投资失败，股市成灾，还欠下高利贷”，将李白的《静夜思》改成“床前明月光，洒了一碗汤。抬头拿毛巾，低头擦裤裆”等等，而备受诟病的《虹猫蓝兔七侠传》中的“扑克、骰子、牌九可是样样精通”“啊？谋杀亲夫啊！”“反啦反啦，老婆打老公啦！”“我不会伤了你，只要你答应做我老婆”“蓝兔，我的美人儿，娘子！美人儿，你的夫君来了！”“哼，老娘才不会上当呢！”等台词，更是充满着成人低俗趣味和色情挑逗的内容。国产动画片的价值观表述问题最主要就来自这些台词，它们几乎构成当下国产动画乏善可陈的“笑”的源泉，这是一种恶俗的幽默，而非真正具有讽刺意味或滑稽意味的幽默，其完全背离作为成人童话动画片的精神及艺术本质。

动画片的幽默效果是构成动画片娱乐性的重要手段之一。这种“笑”

源于形象、台词、动作等，其幽默效果来源于非常规、反常识，而正是这种反常思维——其本质是对于成人世界和理性逻辑的背离——构成了动画最内在的童真性。比如迪士尼的动画电影《冰雪奇缘》中的雪宝，作为一个雪人，除了其不无喜感、令人喜爱的形象，它的台词还能够令人捧腹大笑而又获得内心温暖。雪宝喜欢温暖的拥抱、喜欢炙热的夏天和阳光、幻想着在夏天的海滩上晒太阳等台词构成了影片的笑点。与此同时，它拥有着愿意为它喜欢的人而融化的精神，以此表达一个雪人对生活由衷的热爱。英国动画电影《小羊肖恩》更是充满各式动画幽默，比如牧羊犬每天早上都因主人开门而被压扁在门后的幽默桥段，就是《猫和老鼠》中经典的变形幽默的运用，这种唯有在动画世界中才存在的变形是动画形象最为鲜明的特征。电影中小羊肖恩和它的伙伴们还两次形象地演绎了英语儿童故事中的“数绵羊”段落，以达到或出逃或救回农夫的目的，当观众看到一只又一只小羊轮番跳跃，以催眠对象时，全场的忍俊不禁就是其发挥了典故幽默的成效，这也让我们到了动画幽默及其创意的有迹可循。国产动画片急功近利的表现就在于其缺乏对于这种艺术效果的充分理解和表达，缺乏对动画价值的创意思考和表述，其过度成人化的趣味和恶俗，甚至可以说是一种反动画精神的表现。

二、动画价值内核深度挖掘的缺位

国产动画片忽视对动画主角行为动机正确、合理而有趣味的设计，因此，其行为动机的表述往往呈现出说教化的特点，其成长历程往往缺席，这就影响了其价值内核的深度挖掘以及其价值认同机制的生效。

动机是行动的原因，也是叙事的起点，是人物性格和行动的最终依据，更是人物成长的内在动力。因而动机的设计要符合人物的性格、梦想和处境。动画人物正确、合理动机的表述是接受主体认同叙事主体的基础。从大的方面来看，国产动画片表述追求梦想、成为英雄、追求正义、惩恶扬善的价值观并不存在大的问题，关键在于其对人物动机设计的说教成为国产动画价值表述的严重缺陷。《猪猪侠1》第一集讲述猪猪侠为打开潘多拉之盒拿到希望之光以拯救地球勇闯险地，然而其行为动机仅仅是在课堂上听到老师的说教并听信敌人的诱惑，缺乏对自身行为目的的理解。在《喜羊羊与灰太狼》系列电影中，喜羊羊行动的动机分别为“保护家园，消灭传染源”（2009年）、“拯救村民，打败‘虎威太岁’”（2010年）、“拯救月球，消灭‘苦瓜大王’”（2011年）、“拯救家园、闯龙世界”（2012年）等，这些动机被集体化和崇高化了，缺乏来自个人的愿望和要求。个人愿望被隐去，这就导致其价值观表述中个人基点的缺失，因而无法形成情节发展和叙事推进的推动力，同时缺乏人物在怀抱集体愿望、个人愿望与外在环境斗争过程中的个人砥砺和成长，使得这些人物单一化的性格和愿望无法在叙事的推进中得以升华，仅仅成为一个基本的“行动元”和“游戏化”情境，因而无法获得人物自身的成长与集体愿望之间的有效联结。

国产片说教化的叙事，封闭了叙事、人物性格与受众发生共鸣的情感空间和体验空间，从而使其多层次价值空间难以打开。将《功夫熊猫》与《兔侠传奇》进行对比，我们可以看到，在《功夫熊猫》中，熊猫阿宝心怀英雄梦想，这在动画一开始就有许多铺垫，比如影片开始时阿宝就做着一个打败敌人、行侠仗义的英雄梦，并且这种梦与熊猫本身的憨态和笨重之间构成了非常有趣的张力，它非常符合人类的补偿心理，因而这种长期埋藏于人们内心动机的叙说就容易引发人们的认同和共鸣。这种大众化的形象蕴含着一种叙事合乎逻辑的可能性，叙事的内在矛盾也就因此得以展开。影片中尽管有着奇迹让他阴差阳错地进入比武的场合，被乌龟大师看成是神龙大侠的人选，但“奇迹”也仅仅只是创造了一个契机，笨拙的身体始终是其实现英雄梦想的最大阻力，因而他有着比别人更多的对秘籍的向往，更有着梦想难以实现的内心的焦虑和彷徨。尽管他也萌生了退却、逃避的念头，却又因父亲的教导而最终能够晓悟功夫的本质：面汤秘籍与武功秘籍一样都是空无，个人战胜自我的努力才是功夫的本质，呈现出一种对于个人成长的真正了悟，从而使一个关于武侠英雄成长的故事具有了启迪动画观众如何成长的价值内涵。然而《兔侠传奇》在表达的时候，就欠缺了对人物动机的挖掘，兔二是被阴差阳错地摊上了将“武林盟主”的令牌送到老猴女儿那里去这一重任的，而他对此常常抱怨；兔二最终战胜熊霸天，也仅仅在于他拥有了老猴临死之前的内力输送，动机和结果都因“偶然”造成，人物行动的最初动机和最终行动的基础都缺乏必要的铺垫，成长的过程也在叙事中缺席。兔二认识到在日常生活中可以运用深厚内力来练功，仅仅只是通过老猴的托“梦”来完成，这种启悟本身缺乏生活的基础，按照亚里士多德在《诗学》中的说法，这是一种“借用‘机械上的神’的力量”[①]来解决问题的拙劣叙事方式。这种“借用‘机械上的神’的力量”只应“请来说明剧外的事，例如以前发生的、凡人不能知道的事，或未来的、须由神来预言或宣告的事”[②]，而在叙事情节中，这种“不近情理”的叙事应该避免，叙事必须“合乎必然律或可然律”[③]，否则将产生艺术不真实的问题。这样一来，《兔侠传奇》不仅不能合乎逻辑地完成叙事的进程、刻画人物的性格，还无法使现实生活中的观众个体认同动画形象，并无法使其获得激励。

不同的动机是形成不同动画价值的基础，可引发对动画主题的价值取向表述的开拓，从而形成富于感召力的不同动画类型。国产动画价值类型的单一，与对动画叙事动机的表述有主要关系。其缺乏对动画人物人性化行动的深度挖掘和单纯表述，动不动就拯救地球、拯救人类，这种“英雄”“武侠”式的叙事动机和价值追求（如《喜羊羊与灰太狼》《猪猪侠》《秦时明月》《果宝特攻》等），缺乏对人们日常行为动机的多元化

---

① ［古希腊］亚里士多德：《诗学》，罗念生译，人民文学出版社，2008，第49页。
② ［古希腊］亚里士多德：《诗学》，罗念生译，人民文学出版社，2008，第49页。
③ ［古希腊］亚里士多德：《诗学》，罗念生译，人民文学出版社，2008，第48页。

和丰富性的挖掘，缺乏对儿童成长过程中其心灵感受和情感感知的研究，对梦想的狭隘理解等导致其价值观表述的严重缺憾。反观那些风靡全球的动画作品梦想挖掘的角度和深度，以及从中开掘出来的价值层次，对国产动画片的创意生产具有重要的启示意义。皮克斯的动画电影《玩具总动员》从玩具与主人之间的关系入手来展开叙事：牛仔警长胡迪担心因为新加入的玩具巴斯光年而被主人安迪冷落，从而演绎出其与巴斯光年之间的故事；同样因为担心安迪长大之后对自己的遗弃，他面临到博物馆作为展品展览与回到安迪身边的艰难抉择。这些打动人心的故事构成这部动画片中最具温馨情感价值的地方。2014年梦工厂的《马达加斯加的企鹅们》的故事动机设置同样基于“失宠”这一主题，章鱼因为企鹅的出现及其可爱形象受到人们的欢迎而遭受冷落，为了报复，它蓄谋捕捉全世界的企鹅，并将它们变成怪物，让人们不再喜爱企鹅。这些动画的故事动机都是围绕“爱”的主题而设置的，这种担心“失爱”“失宠”的动机设置非常符合儿童心理，同时又折射着成人世界的某些心理特征，从而使得“爱”的价值内涵获得思考和表达，在使观众获得观影的愉悦的同时引发他们对健康的爱的思考。

国产动画电影《熊出没之夺宝熊兵》中，“爱”也成为其最重要的价值内核。熊大、熊二、光头强对被绑架的小女孩的“拯救”与“守护”，不仅化解了熊大、熊二与光头强之间的冲突，使故事情节从闹剧变得温情起来。这种奶爸式的关系打开了这三个主人公性格丰富的一面，然而由于欠缺对人性的深层次思考，电影未能在老爷爷与儿子之间的关系的设置上突出亲情的力量及老爷爷对儿子的感化、宽容和他们之间的和解。老爷爷的儿子是如何变化的？老爷爷保存的关于儿子童年时父子温馨场景的照片对于儿子是否具有感化的力量？这一切居于动画主题人性表达善恶二元简单对立的逻辑，因此没有办法进行更进一步的表述，这可以说是一个极大的创意缺陷，使得这部电影与优秀动画电影之间仅差一步之遥。实际上，电视动画《熊出没》尽管呈示的不是英雄主题，而是一个环保绿化的主题，但熊大与熊二为什么要保护森林同样缺失必要的叙事逻辑，而光头强实际上代表了受挤压的社会底层，为了生存而砍树，但是这种因为人的生存需要与环保绿化之间的矛盾并没有获得更进一步的审视，而仅仅将其作为一种环境的设定，导致这部动画片成为一出无关善恶的闹剧，丧失了其全龄化发展的契机。与之相比，同样面对生存和生态之间的冲突，宫崎骏在《幽灵公主》中所展开的深层次的哲学思考，就值得我们动画创意工作者进行深刻的反思。

三、回归动画艺术的本体逻辑

动画片是想象和幻想的艺术，它触及人类心灵中的童真和人类思维的丰富性，这是动画艺术的价值内核。但这并不意味着动画片可以随心所欲地进行表达，作为一种叙事艺术，它的创意必须符合人类故事讲述的基本规律。动画片的创意规律因而可以说是在动画本体和叙事本体之间一种内在融合的规律，其价值取向的正确性和表述的合理性、丰富性和感染力，都需要以这种创意规律来创造和呈现。近年来，国产动画的价值取向和表述中出现的问题，从根本上而言，就是由对这种创意规律的理解误区导致的，因而追根溯源，动画创作仍需要踏踏实实地回归动画艺术的本体逻辑。

令人欣喜的是，2015年暑假的两部动画电影——真人动画《捉妖记》和3D动画《大圣归来》，尽管离一流的动画电影仍有一定的距离，但其在学习欧美和日本动画叙事的同时，又充分挖掘中华传统文化的资源，并传达正面、积极的价值观，从而到达了目前华语动画电影创作的一个高峰。截至2015年9月17日，《捉妖记》累计票房为24.38亿，其讲述了新一代妖王胡巴的出生，以及人妖关系、人妖两界的冲突和对立因为胡巴与小伙子宋天荫和天师霍小岚之间的生育、贩卖和拯救的关系而发生的变化，宣扬了人妖之间的一种宽容共生的价值理念。而突破9亿票房的《大圣归来》

则讲述在为拯救落入山妖手中的儿童的误打误撞的冒险中，江流儿（即儿时唐僧）帮助孙悟空寻回初心、解开封印的故事。不再是那个叛逆的孙悟空，也不再是那个充满说教意味的唐僧，《大圣归来》创造出了一个内心落寞、纠结的孙悟空形象，也创造出了一个活泼可爱的少年唐僧形象。他们与小胡巴的萌一起，构成了中国动画史上崭新的艺术形象。就动画艺术本体的幽默而言，两部动画电影也有很多可圈可点的地方，比如《捉妖记》中小伙子宋天荫的怀孕、姚晨扮演的厨师与小妖之间的冲突等等，就充满了魔幻故事所独有的想象力。同样，《大圣归来》中江流儿与老僧在城里为拯救小女婴、逃开妖怪追捕而藏在石狮下的场景，则利用了光滑的头与石狮的相似性形成幽默效果。《捉妖记》具有非常鲜明的好莱坞动画魔幻电影的色彩，而《大圣归来》却含有日本热血动画的“成长”基因。

越来越多的研究表明，创意并非神秘的灵感突现，而是旧元素的新组合，需要依赖经验和视野。被誉为“美国当代影响力最深远的广告创意大师”的詹姆斯·韦伯·扬就曾指出，创意生成有两大原则：其一，创意是旧元素的新组合；其二，洞悉事物间的相关性是生成新组合的基础。要达成此目的，首先就要让大脑尽量吸收原始素材，既要保持对生活中事物的强烈好奇心，还要博览群书、通晓古今、广涉众知①。《创意阶层的崛起》的作者也表述了类似的观点，他认为创意是多维度和经验性的②，“是对各种数据、观点和材料进行过滤，产生出新的、有价值的组合”③。

上述两部动画电影的票房和口碑的成功并非偶然，它们与其他优秀的世界动画电影一样，既对当今全球优秀的动画叙事艺术和电脑高科技进行借鉴和运用，同时又对传统艺术形象和文学资源进行深度挖掘和转化提

---

① [美]詹姆斯·韦伯·扬：《创意的生成》，祝士伟译，中国人民大学出版社，2013，第43–48页。

② [美]理查德·佛罗里达：《创意阶层的崛起》，司徒爱勤译，中信出版社，2010，第36页。

③ [美]理查德·佛罗里达：《创意阶层的崛起》，司徒爱勤译，中信出版社，2010，第33页。

升。可以这么说，这两部具有标志性意义的动画作品的成功，为我们民族动画叙事艺术的发展提供了一种重要的经验，一种如何将传统故事按照人类讲述故事的本质意义、动画艺术本体的创作规律进行创作和生产的可供借鉴的经验。解决中国动画艺术价值取向及表述的问题的根本出路是学习和采用动画艺术本体逻辑和创意规律。

第十三章　疫情背景下的网络文艺与抗疫文艺

一、网络电影如何"过春天"？

毫无疑问，2020年春节对网络电影的发展具有里程碑式的意义。相关数据表明，从2020年1月24日除夕之后，10 000多家影院近70 000多块银幕已停映月余，院线电影进入暂时性"寒冬"。但网络电影却意外迎来了发展的春天：疫情期间共43部网络电影在优酷、爱奇艺、腾讯三大平台上线，其中《大蛇2》在优酷获得3000万元票房，成为开年第一部爆款网络电影；《囧妈》《肥龙过江》由院线转至网络平台播出，其中，以付费超前点映形式在腾讯视频、爱奇艺播出的《肥龙过江》，获得超过1.2亿次全网累计有效播放量。

网络电影发展迎来春天，是疫情特殊时期所带来的发展机遇，更是观众从院线转战网络所释放的观影动能，但其根本原因则是网络电影近5年来从野蛮生长向规范提质所积累的发展潜能的释放。如果把2014年爱奇艺倡导"网络大电影"作为中国网络电影发展的起点，我们可以从其发展历程中发现，它已经从泥沙俱下、野蛮生长的阶段转型至规范发展阶段，并逐渐步入正轨。

在发展的早期阶段，网络电影数量井喷，但大多成本低、内容俗、品质差。不少影片试探监管底线，添加黑帮打斗、封建迷信、校园暴力、软性色情等元素，导致大量网络电影遭遇下架整改，仅2018年上半年下架的网络电影就接近500部。监管的加强使网络电影的行业发展更加规范，呼吁行业健康发展的声音也越来越高，这引发了行业反思，进而通过提质减量和行业自律推动网络电影的转型升级。

2018年后，网络电影制作数量开始减少，启动了适应观众需求的类型创新和内容创新之探索。如《灵魂摆渡·黄泉》《毛驴上树》《大地震》《哀乐女子天团》《陈翔六点半之重楼别》《鬼吹灯之巫峡棺山》《大蛇》《水怪》等头部网络电影都获得了众多关注，分账票房也不断创造新高。网络电影逐渐撕掉了“抄袭”“低俗”等标签，拓展了更为丰富的题材和类型。动作、喜剧、奇幻、爱情、武侠、悬疑等成为主要类型元素，而《毛驴上树》《大地震》等现实主义题材电影因其真实的生活场景呈现、接地气的小人物成长展现而获得票房和口碑的双提升。减量提质的过程加速了网络电影的精品化进程，更为其行业壮大赢得了特殊的机遇，网络电影驶入了发展的快速通道。

当下的疫情加速了网络电影媒介融合的发展趋势，包括网络电影在内的各种网络文艺类型，正在技术和媒介的跨界融合中不断重构内容边界和产业边界。在2019年10月召开的首届中国网络电影周中，中国电影家协会网络电影工作委员会联合爱奇艺、腾讯、优酷三大网络视听平台向全行业发出的联合倡议，对“网络电影”的称谓进行了规范，将其视为“主要通过互联网发行的电影的统一称谓”。这一称谓规范的背后，正是网络电影突破原生桎梏，在数字媒介融合的趋势中谋求更多出路，将院线与网络作为电影发行的不同平台，注重优质精品电影跨平台发行的产业协作新格局。

事实上，随着近年来电影审查标准的提高、网络原创内容的提质，网络电影与传统院线电影在内容层面上的本质区别已不明显，且大量院线电影选择在网络平台进行第二轮收费播放以获得长尾收益。在这种情况下，网络电影称谓的规范，其本质在于对中国电影发行多层次体系的重构——

通过网络首发、院网同步、院先网后等不同发行形式，为各种不同成本和类型的电影发行提供更多有效的宣传方式。相比于更具竞争性的院线发行资源而言，那些中低成本、非强视觉性的电影可以通过与网络平台的合作创新发行模式和盈利方式。如2019年《三重威胁之跨国大营救》开启院网同步的发行新模式，最终院线票房152万，而网络分账则高达2060万元。在2020年疫情期间，《囧妈》通过与短视频平台合作，将影片作为平台引流的手段而获取高额收益。这项操作尽管引发了“行业生态被破坏”的争议，但其创新的商业模式却预示了电影媒介融合的新趋势。

实际上，当时局红利退去，影视院线回归正常生产力，网络电影这种异常的高速发展也会在短期内回归常态。但从长远的意义上来看，网络电影及其观影模式经由疫情期间的“推广”与“普及”，极大地推动了电影媒介融合的发展趋势。对网络电影未来发展而言，要充分重视并利用好这一机遇。

一方面，网络电影要努力推动内容生产的主流化，生产出更多能够满足大众情感需求的电影内容。目前网络电影的有效付费点击量最多不过1000多万，大多数网络电影的点击播放还停留在百万级别，距离数以亿计的爆款院线电影观影人次相差较大。拓展网络电影的观众空间，既推动越来越多的主流类型院线电影进入互联网发行，又提升了网络原创电影内容、情感的主流化表达，这将是网络电影产业发展的必然选择。

另一方面，网络电影要充分利用互联网发行平台的空间优势，顺应多层次发行体系和产业模式创新的趋势，着力构建多元丰富的电影类型和产品生态，同时寻找好剧本、深挖“小而美”的电影内容，放开手脚进行新的类型探索，丰富现有主流院线电影的类型格局，进而培育更具创新性、实验性的电影语言，为网络原创电影的精品化开辟新的路径，才会真正迎来网络电影的“春天”。

二、影视传媒人如何在抖音江湖里栖身?

以抖音、快手为代表的短视频平台，最显著的特征是技术下沉与网民表达的活跃。但实际上，专业短视频才是抖音最为重要的流量资源，是“存量时代”短视频平台原创内容生产布局的重要方向。当下，抖音专业类短视频的生产主体，主要由三种不同的力量构成：

第一种力量，是以人民日报、央视新闻、共青团中央等为代表的主流媒体。主流媒体进驻抖音，是我国融媒体战略发展的重要趋势，也是主流媒体扩大舆论宣传覆盖面、推动主流价值观建设的重要举措。其内容，往往围绕新闻热点事件展开，在各类英雄形象塑造、美好生活呈现、热点犀利回应等方面有着较好的表现。这类主流媒体，在抖音上获得了巨大的关注，往往拥有千万以上的粉丝量。

第二种力量，是从用户自制内容向专业生产内容转化的流量网红。这些网红，会签约加盟一些机构，运用资源、流量进行专业化转型，甚至进一步进军娱乐影视领域。这是抖音专业创作者发展的主导趋势。例如，拥有3000万粉丝的“多余和毛毛姐”博主余兆和，以一人分饰多角演绎小镇女青年而爆红。这些博主，熟谙短视频内容生产及传播规律，容易获得关注。

第三种力量，是进驻抖音的影视传媒机构或个人。影视人进驻抖音有两种情形：一是借用抖音平台进行影视内容营销。他们进驻抖音，正是因为看中了抖音在影视作品营销方面的增量、精准这两个特点。抖音与微博，在用户的地域、阶层、年龄构成等方面存在差异；而且，短视频算法推送的精准性，也高于其他媒体的内容传播分发机制。但从严格意义上来讲，这类营销内容属于影视作品的宣传物料，并非抖音平台上的原创。影视人进驻抖音平台也只是为了增加流量，而并非将抖音作为内容生产的平台。真正对抖音短视频内容生态构成影响的是第二种情形——转战抖音平台进行原创内容生产的转型影视人。

有的影视人，一开始就将抖音作为影视内容的新形态来进行探索。例如，大禹动漫的账号“一禅小和尚”，早在2016年抖音创立时就已进驻，并很早就摸索出了适合抖音平台传播的动漫生产模式。目前，“一禅小和尚”已产出系列作品，成为抖音上知名的动漫IP。还有人因在影视领域遭遇挫折与失败，而转战抖音平台，开启影视发展的新征途。比如剧情账号“我有个朋友”导演金赫，就是在四处碰壁之后，将抖音短视频作为“最后一搏”，却因此逆风翻盘。

又如，曾经的《奇葩说》演员仇佩佩，表演事业因“影视寒冬”受到冲击，转战抖音经营账号“灰姑娘裁缝铺”，进行服装设计与短视频内容的跨界融合，一炮而红。此外，还有一些不知名的演员，离开了横店等影视基地的激烈竞争，后因在抖音平台上的专业表演而获得广泛关注，如目前已有343万粉丝的横店演员宁志斌。

影视人转战抖音短视频，既丰富了内容生态，又提升了内容品质，更为产业模式的创新与发展提供了新可能。比如“我有个朋友”导演金赫，拍的情感故事虽然简单，但很细腻。文艺的大提琴小调BGM、多角度镜头呈现、独特的动作与情绪传达，以及暖色柔和的视觉风格，让他从浩如烟海的短视频中脱颖而出。“一禅小和尚”则通过机灵小和尚与大智若愚老和尚的对话来抒发人世感悟，给心灵憩息的安宁，创造了动漫短视频的新模式。目前，“一禅小和尚”已逐步通过IP的构建，形成了多产品形态以及授权—衍生的商业模式。“灰姑娘裁缝铺”演员仇佩佩，则以服装为媒介，讲述了各式各样与之有关的故事，呈现出世间百态。借助服装设计的高门槛，“灰姑娘裁缝铺”在实现高品质内容输出的同时，也形成了内容与服装跨界的商业发展。

然而，并非所有转战抖音的影视人都会成功。短视频作为一种新的媒介产品，受音画表达构建法则、算法推荐机制以及内容时长限制等影响，使观众更注重音画效果呈现——内容要在极短的时间内抓住用户的注意力（往往是前3秒），才能提升完播率等技术指标，实现内容的精准分发。这就意味着，传统影视生产制作那种注重叙事伏笔、情感铺垫、强调作品有机完整的专业性要求，未必完全适应短视频内容生产传播的新逻辑。而传统影视生产制作中“导演至上”“艺术至上”的思维观念，受到短视频“以用户需求为基础”的内容分发机制的强烈冲击，导致很多专业影视人在转战抖音后“水土不服”。

2019年影视泡沫的破灭、2020年新冠疫情的影响，让大批影视人的大荧幕梦碎。此时，短视频的蔓延，将他们齐齐推向了抖音小屏幕。在队伍越来越庞大、赛道也越来越拥挤的短视频领域，有人顺势而为，站住了脚跟；也有人尚在观望，试探着入局。毋庸置疑，影视人与短视频领域的深度融合，将是未来影视行业和短视频行业发展的必然趋势。

一方面，这是疫情影响下影视行业的发展新空间、影视产业模式的全新探索。在影视寒冬与疫情叠加的双重影响下，蓬勃发展的短视频及其互联网商业模式（包括网红经济、直播带货等），为影视人就业、影视作品传播开拓了新的出口，成为影视行业突围的重要加速器。另一方面，在短视频用户增长遭遇天花板后，短视频平台只能依靠优质内容来争夺用户和流量。实际上，随着2019年用户增速的放缓，抖音短视频已逐渐放宽了对短视频内容时间的限制，从15秒到1分钟，再到10分钟——时限要求的放宽正是为优质内容的生产松绑。

在影视与短视频深度融合的趋势下，将有越来越多的影视人转战抖音进行原创内容生产。对于影视人而言，栖息抖音短视频平台，最为首要的挑战，是转换媒介文化生产逻辑，适应短视频内容生产的规律。但这并不意味着完全丧失自己的艺术个性，而是要通过深入理解短视频的内容规律来寻找创新的契机。

事实上，无论是“灰姑娘裁缝铺”还是“我有个朋友”的成功，都源自专业优势的施展。而抖音账号“食堂夜话”“灵魂当铺”等，则是效仿了《深夜食堂》《第8号当铺》等传统影视作品，利用食物等媒介，与当下都市青年的情感经历进行深度结合，从而创作出丰富的剧情类短视频作品。

对影视人而言，转战短视频也并不意味着离开传统影视行业。如何在短视频与传统影视行业之间寻找跨界融合的商业模式，是影视人转战短视频所需要着力探索的关键。

三、网络抗疫文艺创作的问题

新冠肺炎疫情发生以来，由于互联网的技术媒介优势，处于疫情隔离时期的人们能够利用互联网进行文艺生产创作，网络文艺空前活跃。短视频等网络原生形态充分发挥互动性强、参与者多、体验感强的特点，涌现出抖音“武汉加油”音乐+短视频创作的全民热潮。在相关组织“以笔抗疫”的大力推动下，不仅诗歌、戏曲、图片、漫画等原本活跃于互联网的文艺形态出现“井喷”的创作状态，而且像美术、书法等原先较少借助互联网生产传播的传统文艺类型，也出现海量借助网络平台和朋友圈进行展示和传播的作品，进一步加速了文艺媒介融合的趋势。除此之外，云技术等新技术形态推动云创作的发展，“云合唱”“云综艺”等网络文艺新形态也获得发展的契机。网络文艺志愿者行动也在人们居家隔离的特殊时期，为大众带来各式各样文艺宣传与教学活动，丰富了网络文艺公共空间的发展。这一切在中国网络文艺的发展史上都将具有里程碑式的意义。

应该看到，网络上创作传播的抗疫文艺，在对新冠肺炎抗疫、防控的科学宣传，对各行各业抗疫“逆行者”的赞美歌颂，对鼓舞抗疫必胜信心、疏导人们的焦虑不安等方面，发挥了重要的作用。然而，由于抗疫的特殊环境对现场采风、集体创作等生产创作条件的客观制约，加之一些创作者功利创作、匆忙上线的主观原因，以及对网络媒介和文化特质的规律认知不足或运用不当等，网络创作的抗疫文艺出现了一些值得关注的问题，表现在：

第一，网络文化的碎片化、随意性特点在网络抗疫文艺创作中得以凸显，使大量抗疫文艺呈现肤浅、庸俗、雷同的问题。由于网络文化具有极强的草根性、娱乐性，加之移动互联网所具有的使用场景的碎片化特点，使基于大众创作生产的文化和文艺内容具有随意性的特征，无论是鬼畜、微信文艺，还是短视频创作，都体现出这种特点。网络抗疫文艺的创作，一方面因为创作素材和条件的限制，一方面为了快速的应时推出，这种碎片化、随意性的问题更为突出。比如有些戏曲作品以经典的戏曲唱段，配以抗疫歌词进行重新创作，但歌词缺乏打磨，只是简单地对“戴口罩、勤洗手、不出门”的宣传，导致词曲之间不协调，缺失传统戏曲美感。又有的抗疫作品意象陈旧、情感空洞，缺乏诚挚的情感，欠缺动人的力量。在绘画创作中，出现不少带有钟南山形象的主题作品，但要么直接复制新闻图片的形象，要么肆意神化或扭曲，出现诸如怒发冲冠的钟南山形象，或朋克化的钟南山形象，甚至将各种概念拼凑在画面上，对艺术形象缺乏严谨的构思和精心的刻画，缺乏对艺术形象动人的艺术灵魂捕捉等。这种雷同之作、肤浅之作、庸俗之作，不仅缺乏文艺创作应具有的独特创作个性，还缺乏艺术作品应具有的有机整体和谋篇布局；不仅缺乏真正鼓舞人们共克时艰的精神力量，还缺乏悲天悯人的大爱精神，难以有真正留世的文艺精品。

第二，对网络青年亚文化的随意挪用，导致网络新冠抗疫文艺出现严肃性不足的情况。网络青年亚文化是网络文艺的重要构成部分，包括“饭圈”文化、二次元文化、耽美亚文化等丰富的内容，不仅体现了互联网时代粉丝文化、青年文化的新特征，也呈现了“融合文化”（詹金斯语）时代文艺创作的新特点。作为当代娱乐追星文化的新变体，“饭圈文化”以养成型偶像的培育为方式，在社会公益领域发挥了积极的作用，体现了新型“饭圈”组织的社会力量。但在抗疫文艺的二次元创作中，因为新冠肺炎病毒给武汉和全国人民带来的死亡与恐惧，对生活带来的影响，以及对经济和社会带来的严重损失，所以，无论是以二次元萌要素创作的新冠病毒形象，还是以“阿冠”称呼给人类带来死亡和灾难的肆虐病毒，不仅是不严谨的，还是不严肃的。更有甚者，将CP文化挪用以表达冠状病毒与武汉之间的关系，将自然灾害与城市之殇、人类与新冠病毒的生死存亡的敌对关系，转化为耽美CP的霸道总裁式情欲修辞，转化为欲拒还迎的情侣对话，不仅是严重的不当，还传达了错误的灾难观，更是对那些在新冠疫情中死亡的个体、牺牲的烈士、奋战的“逆行者”的亵渎和不敬。

第三，在某些网络新冠抗疫文艺中存在着人文精神缺失的倾向。传递人文精神，表达文艺对自然的敬畏和对生命的热爱，体现文艺对每一个生命个体悲天悯人的精神，是文艺的基本使命。文艺的伟大感召力，正在于文艺与人类个体的情感相通。抗疫灾难文艺中，由于灾难的肆虐、个体的死亡、社会的悲剧、生命的勇气与英雄的牺牲等，文艺的人文情境更为激烈与集中，由于社会的非正常状态所导致的个体处境往往激发对人性问题的敏感，因此，灾难、抗疫文艺的人文关切及其价值取向尤为重要。但在此次抗疫文艺中，由于上述随意性创作甚至功利性创作，一些网络新冠抗疫文艺出现人文精神缺失的倾向。这些创作现象的出现，从根本上也是对文艺创作者文艺价值观的重要考验。而在“以笔抗疫”的引导中，如若不能加强文艺价值观，尤其是人文精神的引导，则可能好心办坏事，破坏文艺工作者的形象。

基于上述问题的讨论，笔者对网络抗疫文艺的创作有如下建议：

首先，要改变“跟风”思维，进一步加强网络文艺创作的精品化导向。尽管网络文艺的精品化在制作品质方面已经取得较大提升，但在大众创作以及此次抗疫文艺所出现的传统文艺类型在网络上创作传播方面，随意性和碎片化情形还较为明显，这说明网络文艺创作的精品化仍需要进一步加强。创作者要改变功利化的“跟风”思维，尤其在重大社会事件面前，要有“留得住”“传得下”的创作意识，要尊重艺术规律，突出艺术个性，彰显艺术精神，使其作品经得住时代的大浪淘沙。

其次，要辩证分析网络技术与媒介的文化优劣，准确选择应用并充分发挥网络媒介文化的有利方面进行创作传播。网络文艺作为新技术新媒介推动下的新文艺形态，随着技术的发展，包孕着无限的可能。网络文艺的技术特征与文化特质并没有绝对的优劣正误，关键在于选择和使用的文化情境。诚如前述所言，二次元与萌文化在公益与某些社会语境中具有优势，但在抗疫灾难文艺中需要谨慎运用。而相比之下，由于网络文艺具有较强的草根性，微视野、微主体、微情感这些技术文化方面的特质，在讲述中国故事方面具有重要的优势，像网络抗疫文艺中一些聚焦医护工作者、基层社区工作者的微记录作品，就充分利用了这一优势，创作、书写了抗疫期间最美“逆行者”们丰富的生命情感。

再次，要加强网络文艺创作中的价值观引导，尤其在灾难文艺的网络创作中，要体现文艺对每一个生命个体的人文关怀。作为文艺的一种新类型，网络文艺应遵循人类文艺的一般规律和精神特质，应当具备人文情怀与现实关怀。在灾难面前，文艺人文担当的责任更重，社会个体对人性问题尤为关注和敏感，如果文艺价值观出现偏颇和失当，非但不能发挥文艺的积极的精神力量，更容易引发激烈负面的文艺舆情。因此，加强网络文艺创作的价值观引导，不仅需要引导各个层次的文艺创作者具备对人类的普遍性命运的关切，更需要引导创作者对容易被忽视的边缘个体和弱小个体的关切。

第十四章　营造风清气正的网络文化发展空间

一、“饭圈”乱象亟待重构文明导向的文娱产业发展模式

近年来“饭圈”乱象层出不穷：从肖战粉引发公愤的举报事件、某综艺节目令人咋舌的倒奶投票、到吴亦凡事件中粉丝不明是非扬言“为偶像劫狱”，不断凸显“饭圈”思维及其言行对当下网络空间的行业生态、舆论环境与青少年价值观所带来的恶劣影响。面对这一乱象，国家相关部门从2020年以来，已先后开展多次专项整治行动，在对负面有害信息进行清理、处置和关闭违规账号和群组并解散不良话题的同时，加强对平台打榜和圈层管理，取得了阶段性治理成效。然而，从“投票”改为“撑腰”，关闭实时热搜又以其他话题呈现方式再现……“饭圈”乱象往往改头换面屡治不止。其病根在于资本主导下文娱产业链发展模式的单一，深层次暴露了当下基于数字文娱为载体、流量经济为支撑的文化产业发展模式的局限。

尽管我国偶像产业的发展模式是对日韩的借鉴与引进，但由于国情的不同与产业基础的差异，国内偶像产业的形成，更多渗透进资本的短期投机，发展模式功利而粗暴。与日韩偶像产业注重长期发展规划，拥有对艺人进行专业性和高标准的完善培养体系，以及基于音乐版权运营的完整产业链不同，国内偶像产业培养周期短、整体艺能水平不高，从其伊始就

功利地向流量“养成”的单一模式发展。以TFBOYS和SNH48等成团较早和影响较大的团体偶像为例，其养成体系建立在鼓励粉丝消费与“饭圈”竞争的基础之上。偶像团体高度利用粉丝的情感消费，通过各种周期的榜单排名和资源分配模式形成内部竞争机制，不断将选票、流量等数据与品牌合作、影视机会等资源分派高度匹配，鼓励粉丝为偶像的资源获取进行“努力”，怂恿粉丝之间为偶像的“尊严”进行攀比，高额集资为偶像攀比庆生，并以高度专业化的“饭圈”运作，诱导粉丝在各类榜单和平台进行控评与“屠版”，争夺话题度和热搜量。

这种刷流量的产业模式，导致偶像产业高度依赖媒介和渠道的曝光，并以制作生产各类“流量小生/小花”为追求。这就使渠道平台方创制的偶像团体类综艺在国内偶像产业中重要性凸显，成为各类经纪公司偶像艺人正式出道的关键。然而，以偶像团综出道为模式，经纪公司与创制平台形成既利用又冲突的利益关系，导致无法形成有利于偶像长期发展的可持续机制。经纪公司既想通过制播平台的选秀节目让偶像出道，全网积累粉丝获得关注，又想在偶像成名之后脱离平台获取超额利益。而对制播平台而言，面对着各家经纪公司选送的偶像选手，因为长远持续合作机制的缺失，其考量的是在节目周期内收割流量与话题，以回报节目投资者和广告商，而非对偶像艺人的德艺培养。一旦偶像成团出道，如何在极短的成团协议周期内，最大程度上榨取偶像身上的经济价值，成为创制运营方的目标。因此，如何以各类人设、话题，通过有组织、有策划的“饭圈”行动，从节目到平时，引导粉丝进入非理性的攀比消费和撕黑拉踩，不仅成为各家经纪公司为自家艺人博出“番位”，争夺资源的标配操作，还成为综艺创制企业和播出营销平台收割流量，获取超额回报而进行的有意运作。

在资本逐利驱动下，“饭圈”行为逻辑与流量经济的发展模式，已成为内容产品投资生产的盈利模式、文艺产品的内容形态与营销传播方式的基础，艺人、创制方、视频网站、社交平台与广告商串通一气，前端创作生产机制、中端传播营销平台与终端“饭圈”组织之间，已经深度捆绑成一个系统性的利益共同体。因此，偶像经纪公司、综艺节目创制公司及播出与营销平台，是“饭圈”乱象行为的直接或间接的组织者和引导者，在“饭圈”乱象的形成中担负着不可推卸的重要责任。

“饭圈”思维及其行动逻辑进一步深入到包括影视在内的文化产业的其他领域，带来的是对文化内容生产的艺术标准和文化价值的更进一步的破坏。影视生产制作方为减少投资风险，追求短期投机收益而宁可牺牲艺术标准和道德尺度，将资本押在所谓的流量艺人身上，对流量艺人曲意逢迎。这不仅助长年轻流量艺人的自我虚幻感，使其滋生不良的从业心态，败坏行业风气；而且影视制作方对票房和收视的单一追求，也对“饭圈”控评、撕黑和拉踩行为推波助澜，进一步将“饭圈”内部的不良行为扩大到影视文化等领域，对影视产业的发展、影视评价体系的建构带来持续性的破坏。

由此我们可以看到，正是基于流量经济的产业发展单一逻辑，导致偶像文娱产业链及与其相关文化产业发展模式被“饭圈”思维及其逻辑深度捆绑，其乱象的形成，从根源上是文化和文娱产业整体发展模式的局限所带来的，具有多方参与的系统性。这正是专项整治虽然持续开展，“饭圈”乱象行为却总能够以地鼠般逃闪探头的根源。我们需要深刻地认识到，被“饭圈”思维及行为逻辑深度支配的数字文娱与文化产业，在一定程度上已经偏离我国文化产业发展的方向，并对夯实数字文化产业发展的工业基础和产业体系构成持续性的破坏，其偏狭极端的价值取向对多元共生、包容开放的文化生态和舆论环境带来极大的冲击，对未成年人的成长与价值观的形成造成恶劣的影响。

党的十九大报告指出，“要坚持为人民服务、为社会主义服务，坚持百花齐放、百家争鸣，坚持创造性转化、创新性发展，不断铸就中华文化新辉煌。”文娱文化产业作为中国特色社会主义文化发展道路的重要组成部分，应不断增强其对社会文明程度的塑造，非理性、极端对立和贩卖错误价值观的“饭圈”乱象，毫无疑问已经是上述文化发展指导思想的背离，而其背后各生产与传播主体唯流量是从的逐利模式，带来了产业属性与文化属性、经济效益与社会效益的失衡。因此，整治“饭圈”乱象，亟待全行业重构以社会效益为核心的价值观。

皮之不存，毛将焉附？“饭圈”乱象需要从源头上解决。只有立足社会主义现代文明塑造和文化产业两个效益协调发展的高度，深度反思现有产业发展模式存在的问题，纠正网络数字文化产业等同于单一流量经济的误区，深入理解网生的“Z世代”的孤独感与偶像养成的认同机制，立法强化产业各环节的价值观责任与明细惩罚机制，强化社会效益与文明效益的价值导向，引导行业资本走向文娱文化产业良性发展的道路，才能从根本上解决“饭圈”乱象的问题。

二、以文艺评论的专业性构建网络文艺文化的价值共识

随着移动数字文化的发展，包括网络影视、综艺、动漫、游戏、直播、短视频等在内的网络文艺新形态新现象以愈来愈快的速度发展，其文化内涵和审美形态不断迭代更新，尤其在资本和技术的推波助澜之下，其产业化融合趋势不断加强，边界拓展与社会渗透不断深入，无论从受众规模还是影响程度来说，已经毫无疑问成为主流的文艺形式。然而，在网络文艺高速发展和迭代更新的同时，由于相关的管理规范制度没有及时跟上，网络文艺领域乱象频生，无论是未成年人沉溺网络游戏所引发的“网络海洛因”争论，还是网综选秀所带来的畸形审美问题，抑或是“饭圈”乱象对社会所带来的负面影响等，都在一定程度上显示出网络文艺早已超出文艺领域，具有广泛的覆盖面、影响力和渗透性，对全社会尤其是青少年产生广泛而深入的影响。

为此，中央网信办发布《关于进一步加强“饭圈”乱象治理的通知》，提出要从维护网上政治安全和意识形态安全、营造清朗网络空间的高度上，进一步推进“饭圈”乱象治理工作。网络文化治理是一个系统工

程，在健全监管机制，对相关责任主体进行专项行动的同时，需要进一步发挥文艺评论在评价共识和审美共识构建中的重要作用。此前中宣部等五部门联合印发的《关于加强新时代文艺评论工作的指导意见》中就从“提高文艺评论的专业性和说服力”“健全完善基于大数据的评价方式”方面提出了要求。近日中宣部发布的《关于开展文娱领域综合治理工作的通知》中进一步对“强化舆论监督，营造良好环境。发挥文艺批评作用，引导正确审美”进行强调。

加强对网络文艺的评论引导，为网络文化的健康发展构建价值尺度，是网络文化与文娱领域治理的重要环节。近来主流媒体相继开辟文艺评论版面，邀请各领域专家对“饭圈”乱象、艺人艺德等问题进行集中讨论，引导人们正确认识“饭圈”问题根源，分析唯流量所带来的危害，并从如何加强引导等方面提出具体建议。这种评论以专业的姿态及时发声，达到引导舆论、以理服人的效果，也为相关部门进一步出台监管制度提供了重要的参考。然而，在肯定成效的同时，我们需要清醒地看到，网络文化种种乱象，在很大程度上与其价值评价与舆论引导体系的不完善、不健全有关。

这具体表现为文艺评论的及时性和专业性两种缺失：第一，相较于海量的网络文艺新作品与新现象，专业文艺评论的及时跟踪存在明显缺位，导致网络文化的舆论场被铺天盖地的各类营销文以及“饭圈”对数据的控评所主导，专业评价的价值引导与审美引领作用没有得到应有发挥。第二，面对网络文艺的新经验与新问题，网络文艺评论存在专业性的不到位。以近些年对网综选秀的畸形审美的讨论为例，有的评论家在罗列当下各种备受诟病的艺人艺德现象后，硬是将其统统归为畸形审美所带来的问题，这就存在着违背事实和归因谬误的问题。对错误的价值观念和畸形审美需要进行立场鲜明的批评，但必须建立在对批评对象的深入认识的基础上，不能以立场取代分析，否则就会产生事实背离、理性缺失和逻辑谬误，反而可能让价值引导走向极端狭隘，带来价值领域的撕裂。

网络文艺具有规模庞大、迭代迅速和现象复杂的特点，而传统文艺评论家由于固有思维的限制使其对网络文艺存在一定的偏见，又由于其对研究对象缺乏深入的了解，在批评资源上存在一定的缺位，使其无法进行及时、客观而专业的评价。这是网络文艺评论及时性与专业性缺位产生的主观原因。而网络文艺评论相关的专业、学科和平台建设的滞后，尤其是相关评论阵地和队伍建设的不完善，网络文化舆论引导机制建立的缺位，是其客观原因。除了网络文学评论的相关建制相对完善，其他类型的网络文艺与文化的评论体系建设的缺位更是明显。在各地文艺评论工作中，网络文艺评论缺乏有力的平台、媒介与发展支持。这些都使网络文艺评论专业性发展受到限制。

然而，由于网络文艺深层次地关涉到当下政策监管、社会心理、产业发展与新的数字时代的文化经验，牵一发而动全身，其波及面广，需要以网络文艺评论的专业性来推动评价共识与审美共识的达成，推动大众评价与专业评价的良性互动，才能真正促进网络文化的健康发展。网络文学的“玄幻”“穿越”与“重生”，不是对其简单地进行历史虚无主义的批判，而是要建立在对数字时代“网生代”虚拟文化经验了解的前提下，才有可能真正深入其创作与接受的现实土壤。偶像与“饭圈”的关系，是在独生子女“网生代”的孤独感与陪伴成长心理而形成的“养成系”文化和趣缘社交的背景下产生的，是被资本不断利用的现象。网络文艺评论批评效力，如果没有建立在对网生世代文化心理及其资本、产业发展逻辑的深刻理解上，则无法真正帮助社会形成理性的共识。

专业性是说服力的前提，只有对网络文艺发展的内在逻辑、深层机理和社会效应有切实的认识和研究，才能真正穿透其纷繁复杂的表象，推动对相关网络文艺现象与问题的深入探讨，让全社会形成理性的价值共识。这就需要各地充分提高对网络意识形态安全重要性认识，加强网络文艺评论与网络文化发展的良性互动，健全网络文艺评论媒体阵地、创新专业评论队伍培养方式、完善舆论引导机制等，推动网络文艺评论的专业性体系与舆论引导体系的建立。

三、规范算法管理才能带来美好的数字文化生活

今天，科技变得越来越懂你：打开购物网站，近期要购买的货物已被推荐到首页；短视频平台将你喜欢的视频内容一条紧跟一条推送给你；而新闻信息也以“你关心的，永远是头条”的方式来满足你的需求……这一切，正是依靠日渐成熟的算法技术得以实现。

从本质上说，算法是人工智能技术与大数据的关联节点。在移动互联网时代，社交媒介、定位技术、搜索引擎等，在为用户的日常生活提供极大便利的同时，也在生产和储存用户个人行为的大量数据。正是在收集用户日常行为基本数据的基础上，人工智能根据用户的行为习惯、社交关系、地理位置等信息，对用户的兴趣偏好和需求进行推断，描绘出用户画像，打上数据标签，以此为依据，进行精准的文化生产与个性推送，以实现数字文化从生产端、传播端和接收端的全程个性化、精准性定制。

从积极意义上看，算法在不断迭代更新的技术推动下，成为文化领域供给侧改革的重要推动力量。在过去，文化供给容易忽视受众的文化层次、审美兴趣和文化需求的差异，一厢情愿按照投资人、艺术家或管理机构的意志进行生产，导致众多文化产品与人们的需求不符。伴随着互动技术的下沉与迭代发展，通过集体性、参与式的文化互动，人们对自身的文化需求进行充分的表达。通过关注、订阅、浏览、点赞、评分、评论、弹幕、转发、收藏等行为，产生关于文化产品评价的大量数据。它们被各类文化平台视为具有竞争性的战略资源，用以描绘定位用户画像、分析行业趋势、进行投资决策。影视公司根据购票平台、评分网站的数据来规划新作品的题材类型与演员搭配，提前埋好“话题梗”。短视频平台根据用户的停留时间、观赏偏好、点赞评论向其推荐匹配内容，使其“欲罢不能”。网络文学网站通过对用户订阅习惯的分析进行新作推荐，生成个性化的页面。算法以“更懂用户”的技术优势，不断进行业态创新和服务创新，推进文化领域的供给侧改革。

作为一种生产力，算法对提升文化内容的智能化生产、个性化服务，缓解信息过载难题，提升数字内容分发效率等发挥着重要作用。单从人们对文化内容的获取而言，随着数字应用技术的发展，人们参与文化生产的门槛不断降低，文化内容呈现爆炸式增长，令人眼花缭乱。即使是专业研究者，也只能望洋兴叹。算法推荐技术基于用户既往的行为、兴趣与态度，预测用户对某类内容的偏好，从而帮助用户进行筛选过滤，形成匹配度高的专属定制内容，节约了信息选择的成本，帮助其摆脱信息过剩所带来的茫然。在算法“引路”下，有共同兴趣的人们被聚合在一起，形成因趣味而结缘的“文化圈层”，促进了差异性、多样化文化社区的形成。

由于算法是建立在对人们行为数据采集基础上，技术发展中的不完善和人们使用的不规范，将为算法的应用带来负面后果。因为算法是基于用户过去行为来预测未来偏好，并以此为基础进行内容生产和分发，如果过度依赖技术及其单一价值维度，无视文化创造的规律及文化承载的公共价值，那么在其为用户打开兴趣偏好大门时，也将会屏蔽一部分真实的世界，让人们陷入同质化文化信息流。因此，推荐服务越是精准“定制”与“喂养”，就越容易导致人们被封闭在同质化信息所建造的“茧房”中，既使文化生态日益单一，又使个体对文化的自主权在认知、行为等层面产生减退风险，还将导致不同兴趣的人们被孤立在不同的“孤岛”上，难以形成文化共识。此外，作为算法基础的用户数据采集，往往在用户不知情的情况下进行，可能导致对用户隐私权的侵犯，更有甚者，将用户隐私数据作为商品非法售卖，带来用户隐私数据的泄露，将产生不可估量的后果。

我们要相信，算法技术面临的问题并非不可解决，解决的根本在于对它的缺陷有充分认识和规范应用。需要认识到算法技术不仅带来文化生产和传播的智能化，更是对人类行为及其价值的重塑。要避免算法技术对文化生态、个人认知与群体交流所带来的负面影响，就要加强技术的价值重塑。文化企业要增强对算法技术的完善，融入多元价值维度，使其承担价值引领、共识建构、多元文化营造的公共责任，同时为用户提供不同算法使用的可选自由，让不同的文化内容能够被看到。对普通个体而言，个体需要增强对算法技术的媒介素养，提升对算法弊端的警惕性，有意识地提升文化选择的自主能力。完善算法技术，规范算法应用，才能让科技更人性化地服务人类，为美好的数字文化生活带来了可能。

四、促进风清气正网络弹幕文化的发展

从B站跨年晚会的“破圈”“后浪”话题的争议，再到四大名著经典影视剧上线B站引发观看热潮……以B站为代表的弹幕文化日益成为当下文化融合创新的助推器，显示出互联网时代青年亚文化与主流文化、优秀传统文化与网络流行文化进行融合的新机制与新特点。

顾名思义，弹幕就是视频网站上的即时评论，因其数量多，像2D射击游戏中的子弹密密麻麻一排排从屏幕穿过而得名。它是视频网站迎合社交媒介的发展趋势，为增强互动性、提高网站用户活跃度而设计开发的新功能。其最早出现在日本视频网站niconico。在我国，A站和B站率先推出弹幕功能，之后被广泛应用于各种视频网站和直播平台。迄今B站是中国知名度最高的弹幕视频网站，也是弹幕文化的生产和传播最活跃的聚集地。

本质上，弹幕是一种青年圈层社交文化。起源于ACG二次元文化，弹幕是活跃而资深的ACG受众通过发送弹幕交流想法、态度和情感，从而表达自身个性的文化形式。同时，以视频时间轴建立弹幕发布的机制，营造了多人同时观看和互动的虚拟会客厅效果，为年轻人营造相互陪伴的氛围。随着弹幕文化的发展，它逐渐突破二次元文化的壁垒，成为年轻人对各种视频和直播内容表达态度看法，实现即时互动的社交文化，具有孕生网络流行语、创生经典意义并改进影视内容生产的功能。

一方面，弹幕文化以独特的语言符号孕育、引领着网络流行文化的发展，实现从“圈内”向“圈外”的传播。弹幕语言拥有独特的形成惯例及意义生产、消费的逻辑，不说那些只有弹幕玩家才熟悉的“梗”，就

是那些或已“破圈”的年度热词，如“AWSL”“泪目”“名场面”“真实”“前方高能”“真香”等，也有其特殊的意义产生的文化语境和用户解读的特殊方式。如位居2019十大弹幕热词之首的“AWSL”，是“啊我死了”的拼音缩写，表达的是被甜宠影视剧中的俊男美女的“高甜”画面击中的心情。而像“真实”“真香”这些日常词汇，也经弹幕的使用而被赋予新的意义，表达年轻人对世界与自身的独特态度。这些热词因为敏锐地捕捉到当下影视甜宠剧的流行趋势，表达青年群体对世界、社会的独特姿态，而成为年轻网络世代集体的文化经验，进而被主流媒体和大众语言所采纳，实现从“圈内”向“圈外”的快速传播。

另一方面，弹幕以其独特的语言介入文化经典和主流价值的意义生产，通过对文化经典和主流价值进行“转译”和“编码”，打开网生代通向经典作品的新入口，实现主流文化向青年文化的“入圈”。无论是近年走红B站的《人民的名义》，还是上线B站的20世纪八九十年代拍摄的四大名著电视剧，B站都引发了优秀影视作品的二次传播。其中1994年版《三国演义》播放量到2022年10月7日已超2.8亿。剧中诸葛亮阵前骂王朗的“我从未见过有如此厚颜无耻之人”是弹幕的“名场面”，成为此次观剧弹幕刷爆的情怀梗。弹幕除了知识普及、剧情讨论，还通过游戏、二次元等概念对名著电视剧进行各种有趣的点评，以弹幕参与者熟悉的语言“暗号”引发集体共鸣，实现经典意义的再生产。如当张飞擂鼓助阵的时候，弹幕飘过“太鼓达人上线”（“太鼓达人”是一款热门电子游戏）。关羽得知刘备消息后向曹操辞行时，弹幕飘过“关羽是曹操永远得不到的SSR”（“SSR”是卡牌类游戏里非常稀有的卡牌分类）。弹幕以其独特的语言修辞和意义形式，构建了文化经典走向年轻世代的对话空间，使文化经典以“网生代”熟悉的方式进入他们的世界。

除此之外，弹幕还以其即时互动与反馈的媒介机制，重构观众与内容之间的关系，它以文艺评论的方式，对剧情、表演、台词、服化道进行犀利的批评和集体的群嘲，从而促进网络影视改进，形成互联网视频内容供给侧改革的驱动力量。

毋庸置疑，弹幕已成为当下文化融合与文化创新的重要机制。我们要正视弹幕文化所蕴含的“网生代”文化与主流文化融合互动的创新机制，既肯定网生世代通过弹幕表达的崭新文化经验，也要重视其以网生文化经验融入与改造主流文化的方式与途径。当然，由于弹幕作为一种网络语言，存在着情绪化、人身攻击等负面内容，甚或价值观不正的不良倾向，我们需要保持警惕，并予以纠偏，促进风清气正网络弹幕文化的发展。

附录一：《羊城晚报》专访：让文艺评论成为电竞的“阐释者”和“反思人”

一、重估电子游戏的价值

羊城晚报：上个月（2021年11月），杭州亚组委宣布《英雄联盟》等8个项目入选第19届杭州亚运会电子竞技小项，项目所获得的奖牌将计入国家奖牌榜。对电子游戏是否有重估和再认识的必要？

郑焕钊：正如历史上出现的各种新兴的流行文化在其当时所遭遇的贬抑类似，电子游戏的污名化由来已久，这既是因为人们对游戏所承载的新的文化类型及其时代内涵认识不足所带来的疑虑与警惕，也因为游戏发展过程中所伴随的上瘾、“氪金”等所带来的负面效应。不久前关于电子游戏是“电子海洛因”的讨论，就表明主流社会仍然对电子游戏持负面评价。

诚然，电子游戏的负面效果确实存在，也需要我们在其发展过程中不断予以规范和治理。但是，电子游戏从根本上代表了一种新的文化类型，我一直认为其代表了人类在数字技术与虚拟空间的新的文化经验，其与全球青少年一代的深刻关联，更使其承载着未来文化软实力建设的重要功能。因此，电竞正式成为国际体育赛事，国内诸多城市将打造电竞城市作为重要目标，以及人们对电子游戏的认识不断加强的同时，有必要对电子游戏进行价值重估。

羊城晚报：这种新的文化经验似乎已经越来越受到重视，如不久前被热议的“元宇宙”。重估电子游戏的价值，可以从哪些方面进行？

郑焕钊：关于电子游戏价值的重估，首先需要从电子游戏虚拟数字经验的文化逻辑在当下社会的广泛影响来重估电子游戏的价值。诚如《头号玩家》所表征的未来社会的某种经验一样，电子游戏的文化经验及其逻辑，已经超出电子游戏本身而深入到社会文化的各个领域。

其次，从电子游戏作为全球青少年共享文化与共同语言的角度，我们需要重估电子游戏在建构国家文化软实力上的意义。事实上，电子游戏已成为中国文化走出去的“排头兵”。如何充分理解电子游戏的运行逻辑，借助游戏及其文化内涵，实现电子游戏的文化输出，正是我们需要充分考量的地方。

再次，随着电子游戏全球影响的深入，电子游戏已经成为文化安全所面临的重要问题。在这一背景下，更应重视电子游戏文化经验及其可能存在的风险。

羊城晚报：文化研究者、文艺评论者在当中应该扮演怎样的角色？

郑焕钊：文化研究者和文艺评论者不应拒斥、回避电子竞技、游戏产业和网络直播等文化现象，而应予以充分的正视和重视，要成为其“阐释者”与“反思人”。一方面，要及时介入，在充分理解的基础上对这种新的文化经验进行阐释，使其获得当代性的理解，帮助社会形成整体认知，推动产业发展；另一方面，要将其纳入悠久的人文传统与历史视域中进行判断与评价，从中形成对新兴文化现象的深度的、批判性的理解，从而构建起中国经验的话语论述。

二、提升国产电游文化含量

羊城晚报：当下中国游戏产业的文化含量与其体量是否匹配？

郑焕钊：中国自主研发游戏的出海体量不断扩大，伽马数据显示，从2016年的72.3亿美元到2020年的154.5亿美元，已翻了一番，预计2021年将超过170亿美元。相比于网络文学、影视等产业，游戏已成为中国文化产品出口当之无愧的“一哥”。中国游戏的出海还带动中国文化的输出。一批有中国文化内容、风格要素的“中国风”游戏也随着游戏的“出海”而输出到国外。但相比于中国游戏的产业体量，其文化含量整体上仍然不足，无论是主题、人物还是风格上，中国游戏仍然表现出明显的浅表化呈现问题，导致文化产品虽然走出去，但中国文化未能走进国外民众的视野的情形，中国游戏的文化影响力仍然未能建立。

羊城晚报：不少国外优秀游戏大作，会与经典文学、当代文化结合，如波兰魔幻小说《巫师》系列等。这是否可以为我们带来一些启示？

郑焕钊：从根本上讲，国产游戏文化内涵的不足，存在着文化“皮肤化”“题材化”和“元素化”的情形。中国文化元素仅仅作为一种游戏皮肤，中国历史与文学也仅仅作为一种浅层次的外部构架，未能深入到游戏的深层进行文化逻辑的建构；游戏内在的主题开拓不够深入，未能表达出作品思想与价值观；画面风格不够严谨，为迎合主流市场而任意设计等情况。

相比之下，国外游戏大作如《巫师》等，其对文化的表达有两个方面特别值得借鉴。一方面，与国产游戏在游戏世界观搭建中的天马行空和文化混搭所带来的不中不洋的情形相比，国外优秀的游戏往往将世界观的表达建立在一脉相承的文化根基之上。《巫师》改编自原著小说《猎魔人》，小说虽然是一部架空题材的奇幻小说，充满了很多超自然想象和怪物，但其核心是以斯拉夫、凯尔特和斯堪的纳维亚文化为基础，以现实主义作为主要设计原则的。在游戏开发的前期，基于众多古迹、照片、旧画，以及对现存中世纪古村落的实地考察，对游戏世界进行创作与建构的。所以，游戏中不论是地形地貌、文化风俗、生活方式，还是宗教信仰，都有着严格的现实依据。

另一方面，与国内游戏在游戏机制设计上的“乱入”导致玩家在游戏的过程中完全忘了主线讲什么的情形相比，国外优秀游戏在叙事的层面上注重文化主题的一以贯之。《巫师》系列虽然故事纷繁复杂，但无论是主线追凶，还是支线的种种见闻，自始至终都是为了传达人性的荒诞、恶意与不可捉摸这一主题，并在游戏的最终关卡完成了对这一主题的升华和反思。

总之，提高国产电子游戏的文化含量。第一，改变拼接式思维，要充分注重对中国历史文化和传统叙事世界观建构的系统性，展现中国悠久历史文化的独特魅力；第二，强化风格的真实性，要以现实主义的原则强化对游戏内在的各细节元素的设计呈现；第三，构建一贯的主题逻辑，要深入地开掘游戏作品的价值观表达，并将其贯穿于游戏的各个玩法机制之中，使文化主题与游戏逻辑实现内在统一。

三、建立良性的游戏文化氛围

羊城晚报：当下越来越多国产游戏以中国文化元素展开，如《王者荣耀》《永劫无间》等市场反应良好，这种热潮下有什么值得注意的问题？

郑焕钊：国产游戏的国风热潮的兴起，有双重背景。其一，随着国人文化自信的不断增强，以中国优秀传统文化为基础进行设计的文化产品日益形成“国潮”消费的潮流，游戏中中国元素的融入，既是这一消费潮流的推动力，也促进了这一潮流的形成；其二，在游戏产业减量提质的背景下，游戏产业面临产业内在升级与国家治理的双重需求，强化中国元素，承载文化传承内涵，正是满足这双重需求的一种选择。在这一背景下，我们看到，愈来愈多的游戏不断地融入中国历史文化、历史人物和中国音乐、美术等艺术元素。

但在热潮之下，我们也需要清醒地认识到：如前所述，国产游戏文化的浅表达所导致的文化深度性和系统性仍存在极大不足。很多企业对中国文化的理解仍然停留在一种以简单的“打怪升级”为逻辑的轻量化游戏的基础上所进行的文化附加。尽管也采用了某些文学与文化资源作为依托，但是简单的题材移植、片面的流量追求、零散的场景化设计、单一的视觉呈现仍然是这批“国潮”游戏的主要做法。

羊城晚报：制约国产电子游戏出现“3A大作”的因素中，有文化层面的吗？

郑焕钊：关于“3A”，一般的说法是高成本、高体量和高质量。其中，从成本的角度而言，一般国外3A游戏的开发成本都在5000万美元以上；高体量一般指游戏拥有一个庞大的世界体系、多元的人物形象、丰富的游戏玩法；而高质量则指在当时游戏在技术上所达到的高度。从这里可以看到，3A内含着投资、文化与技术三个层面的要求。中国作为全球游戏的重要生产基地和最大的市场，制约国产游戏出现“3A大作”的成本与技术因素反而较少，文化因素层面上的原因更为凸显。

在文化身份上，电子游戏在国外被誉为“第九艺术”。一款优秀的电子游戏包含着视觉审美、故事叙事和音乐音效等文化艺术的投入，而在国内电子游戏仍不断被污名化，这从根本上制约着全社会对游戏的文化介入。而由于缺乏对游戏文化身份的正面评价，很多开发者也更愿意选择赚快钱的方式，从而导致文化研发的投入不足。

此外，3A游戏的制作是需要有一批具有深厚游戏阅历和专业游戏鉴赏力的专业游戏玩家作为支撑的，需要一种良性游戏文化氛围的建立。这一点对于起步较晚又遭污名化的国内游戏而言，是欠缺的。

附录二："卢正雨现象"与网络时代的喜剧精神

作为一部粉丝致敬偶像的电影，卢正雨自编自导自演的电影处女作《绝世高手》引发了两极化的争议：如同他对偶像周星驰的崇拜一样，卢的粉丝也在二刷、三刷甚至五刷；而那些对卢正雨的天才曾经表露出赞赏的评论家，则无不表露出一种爱之深、恨之切的失望——无法超越周星驰，成为卢正雨《绝世高手》的"原罪"。如果我们把人们对卢正雨的争议，称之为"卢正雨现象"的话，那么他的天才与模仿就可以构成一个窥探网络时代喜剧的精神渊源与现实困境的有趣视角。

卢正雨的成名，源自他2009年执导的、堪称中国第一部网络情景喜剧的《嘻哈四重奏》，此后他的《嘻哈三部曲》《绝世高手之大侠卢小鱼》等作品成功捕获年轻网民的持续关注，从而使他与自编自导《屌丝男士》的董成鹏、《万万没想到》的"叫兽易小星"齐名。他们三者的作品共同呈现出互联网时代喜剧的精神风格：通过对经典和中心的解构，以戏仿、脑洞、夸张的二次元混搭的表达形式，契合年轻网民的精神个性和文化风格，成为一种代际差异的表征形式。

互联网时代的喜剧创作，无不以周星驰为精神楷模。从《万万没想到》编剧笔名"至尊玉"就可见端倪，而"叫兽易小星"、董成鹏等网络喜剧达人，动辄被人们冠以"第二个周星驰"的称呼。周氏"无厘头"无疑是最受互联网年轻一代喜爱的电影风格，大陆互联网的兴起与青年亚文化的流行，使周星驰成为年轻人心中崇拜的“星爷”：1995年《大话西游》上映时票房失利，直到1997年经大陆网民在互联网上的讨论和传播，才把《大话西游》捧上经典的位置。

如果说互联网文化具有去中心化的后现代特征，那么周星驰电影的“无厘头”便因其充满戏仿、拼贴和挪用的风格，契合青年人反对权威、戏谑经典、主张多元的网络精神和文化心态。而在“无厘头”包裹下表达的底层草根成长逆袭与纯真情感的叙事情感内核，则因其映射和迎合草根的困境和快感欲望而成为年轻网民喜爱的对象，并成为此后20年中国大陆网络文学快感机制的原型。

不着边际、没有来由的“无厘头”的喜剧效果，以其不着边际、夸张的脑洞，和充满二次元色彩的形象与情境构建，与互联网伴生的日漫“宅文化”一代具有密切的精神共鸣，而其真正精髓，则是对各种类型的经典电影和通俗艺术的戏仿，使熟悉这些流行文化资本的年轻网民一代获得解读愉悦和心理快感。因此，尽管周星驰的电影并非诞生于互联网，也并非专为互联网拍摄，但因其契合互联网年轻一代的精神个性和文化诉求，从而成为互联网视频喜剧风格的经典模板。现象级的网络喜剧，无论是《万万没想到》，还是《十万个冷笑话》，尽管有着日和吐槽的流行元素，但其精神底色与接受基础仍然是周氏“无厘头”。

作为周星驰的粉丝，卢正雨的作品因其带有强烈的周星驰的“无厘头”风格而成为网络时代喜剧的代表。“卢正雨现象”的核心，就在于他与周星驰之间内在的精神继承性。《嘻哈四重奏》《嘻哈三部曲》和《绝世高手之大侠卢小鱼》的成功，虽然离不开卢正雨与周星驰之间粉丝与偶像的励志的传奇经历，但从根本上源于卢正雨对“无厘头”的充满脑洞的、包含着致敬与戏谑双重功能的戏仿精神的深入骨髓的表达。他在《绝世高手之大侠卢小鱼》中，对充满80年代怀旧风格的邵氏电影的戏仿、对武侠人物和武侠桥段的解构，与对年轻人过年回家所面临的一系列的窘困遭遇的表达，通过他个人天才式的反转技巧，在喜剧效果、媒介记忆与文化情怀等层面，引发了80后网民的深深共鸣。而这也是《绝世高手》备受期待的原因。

平心而论，《绝世高手》在剧本创作、镜头拍摄和细节表达上绝对是用心的。范伟和陈冲的高水准发挥，蔡国庆、仓田保昭等若干配角颠覆形象的精彩喜剧效果，以堕落街为代表的80年代文化氛围的情怀营造，以及借助各种细节表达的相互救赎的爱情叙事的打磨等，使这部电影成为一部有诚意的、合格线以上的喜剧电影。但是，在这部电影的核心之处，在对周星驰电影《功夫》与《食神》的结构“高仿”之下，精神性重构的“戏仿”之“戏”却缺失了：首先，堕落街、童年创伤、成长恢复三者如何在叙事逻辑、心理逻辑与现实逻辑之间达成自洽，形成戏剧张力，电影的表现仍不尽人意；其次，在对各种周氏电影的致敬性模仿中，卢正雨短片中戏谑经典的精神个性却不复存在。人们对电影《绝世高手》的不满和诟病，正源于他过于周星驰化而丧失了自己的风格。而这恰又与“无厘头”所代表的喜剧精神相背离。

相比之下，《煎饼侠》的成功就在于处理好对漫威英雄叙事的戏仿与底层“屌丝”的成长之间的关系，对英雄梦的解构和重构，构成了这部电影的喜剧精神的内核，使其从短片到电影的喜剧风格一以贯之。而电影《万万没想到》则试图迎合各种观众的需求而丧失了个性，王大锤所代表的“屌丝”不再是短片中的“屌丝”，短片在戏仿经典中呈现出的现实草根窘困的精神自慰的喜剧感也因为电影对这种关系的抛弃而丢失，进而导致粉丝的集体抛弃。网络时代喜剧精神的两个方面：戏仿经典与草根成长，两者内在的精神联结与个性表达，是表与里的关系。致敬偶像的最好的方式就是对偶像的戏仿式超越，而不是在致敬中丧失个性，这也是卢正雨现象所能给我们的启发。

附录三：网络文艺批评的话题模式

随着中国版《深夜食堂》在电视上首播，这部已有同名日剧珠玉在前的翻拍剧，成为朋友圈刷屏的话题。与日版9.2分的高口碑相比，中国版在豆瓣上一度以2.3的低分刷新纪录，并引来各种传统媒体和自媒体的批评与讨论。黄磊人设的崩塌、吴昕夸张的表演、泡面广告的强势植入、IP剧的改编问题和中国式“深夜食堂”应有的样态，成为网络批评的话题焦点。其中，由该剧所引发的中国式“深夜食堂”的讨论：大排档、烧烤和啤酒，以及其中所展现的底层奋斗者的情感治愈，成为该剧所引发的最具共鸣性、参与性和影响力的话题。像“中国版深夜食堂要是拍这些故事该多好”“我们没有深夜食堂，只有刷夜”等话题都引发网民的广泛转发和参与。与此同时，各类营销平台也借这些话题，营销城市推广、美食广告等内容，导致“深夜食堂”的信息爆炸。

作为一部单元剧，由于剧集间的连续性和质量稳定性的不同，现在就对《深夜食堂》进行盖棺定论或许为时尚早，但从其引发的网络文艺批评的刷屏现象来看，它可成为我们理解网络文艺批评话题模式的形态、功能与意义的一个典型样板。

中国版《深夜食堂》在网络上所引发的批评，呈现了网络文艺批评话题模式的基本形态：作为网络文艺批评中最具影响力的一种模式，这种批评通常以近期热门影视的豆瓣评分为评价的基础，按照评分情况形成或褒或贬两种截然不同的批评立场，批评者就剧集的故事讲述、明星表演、视觉画面、价值取向、社会内涵甚至服道化等若干层面进行话题拓展，进而引入大众的日常生活经验，将影视内容与都市白领和年轻网民最关切的话题联结起来，使文艺评论的话题变得更加个人化和生活化，从而引发共鸣，产生广泛的社会反响。各媒体出于不同的商业目的，对相关话题的借势和跟风进一步扩展话题的日常内涵，最终使话题泛滥刷屏，从而走向话题的终结。制造话题是文化营销的基本手段，自媒体公号以话题模式对影视作品进行的批评和讨论，既是文化产业娱乐营销的必要环节，也在这一过程中不断搭建文艺与大众日常的多层次联系，拓展公众参与的精神空间。

正如约翰·费斯克所言，只有大众参与的文化才是大众文化。网络文艺批评的话题模式是对大众日常接受和参与文艺文本的方式的还原。如同一家人围坐在电视机前，围绕影视内容进行家长里短的聊天方式，网络文艺批评的话题模式有意还原大众接受和讨论文艺文本的情境和语境，为读者构造一个热闹的、生活的、有趣的现场感，吸引读者的参与、转发和互动，从而实现批评话题的再生产与再传播。不同于专业批评充满权威的距离感，话题模式的文艺批评以它的网民化风格、日常化话题和轻松的现场感虏获无数网民欢心，为同事之间、网友之间、家人之间的日常交流提供了一个便利的入口。

这是网络时代文艺媒介性的一种表现：借由互动性强的网络媒介的话题构建和传播渗透，文艺深入大众日常生活，成为大众表达日常价值、进行社会参与、形成身份认同的载体与触点。在对中国版《深夜食堂》的批评中，借对日本居酒屋与泡面三姐妹的吐槽，引发的是中国式“深夜食堂”的记忆：大排档、人情世态、青春奋斗与情感治愈。网友们通过在评论区对各种各样的中国式“深夜食堂”的故事讲述和剧情虚构，共同构成了网络上的话语狂欢。作为电视剧的《深夜食堂》不过是提供了揭开青春伤痕和情感疗伤的契机与出口。再如，热播电视剧《欢乐颂》，通过对五个不同阶层背景的同居女孩之间价值冲突的讨论，集中呈现了当下社会阶层冲突与价值碰撞的集体心理，其所引发的剧烈的话题争议，展示了网络虚拟平台背后的不同阶层的价值差异，并借由批评话题的参与形成不同的阵营和身份认同。

近年来，无论是对《甄嬛传》《花千骨》《三生三世十里桃花》等古装剧或玄幻剧的热议，还是对《人民的名义》等现实主义题材剧的广泛讨论，都与大众对自身日常情感、权利、价值的关切息息相关。网络文艺批评的话题模式因而具有了不同于传统文艺批评的社会功能和文化意义，成为互联网时代大众精神空间、日常经验和身份认同的一种重要组织形式。文艺与时代和社会的关联，正经由网络文艺批评的话题构建和互动参与，发生着深刻变化。

毋庸讳言，在驳杂多元的网络空间中，网络文艺批评的话题模式也呈现出粗糙性、虚拟化与同质化的问题。首先，话题模式的网络文艺批评，以一种简单的思维来讨论文艺与日常生活的关联，忽视两者之间复杂的折射形态，从而导致对文艺内在的价值判断过于片面。其次，由于公众日常议题是建立在虚构的文艺文本的讨论上，由虚构文本而来的生活经验构成年轻网民生活经验的重要源泉，凸显了年轻一代集体性经验和情感结构由媒介建构的虚拟性和平面性。最后，在商业动机的利用之下，各种蹭热点的商业营销不断扩展着话题边界，使文艺的日常生活内涵不断膨胀，当文艺什么都是的时候，它也就什么都不是，这就会消解文艺自身独特的价值，导致话题的趋同化和空心化。

因此，在公众性的网络文艺批评话题模式之外，我们需要有更加专业的、审美的、文化的、产业的等不同形态批评的介入，并将其引入网络的、大众的话题模式之中。能否将文艺理论中丰富的文艺与现实关系的深刻论述引入到文艺的日常经验的讨论之中，能否深化文艺批评话题讨论中日常经验的内涵和特质，是提升话题模式的文化功能和社会意义的关键环节。同时，只有在对话题模式的话语形态、文化功能与社会意义进行深入理解的基础上，我们才能使专业的、审美的、文化的、产业的等方面的批评声音具有介入大众精神空间的可能。

附录四：网络亚文化的新特征

随着互联网媒介技术、商业模式和交往模式的变化，当下网络亚文化呈现出越来越多的新特征。首先，网络亚文化呈现出极其鲜明的社交性和认同性。美国心理学教授珍·特温格在其新著《i世代报告》中指出：生长于互联网的i世代与同龄的千禧世代、X世代和婴儿潮世代相比，更少参与社交活动，取而代之的是线上交流，这既给他们带来普遍的不快乐与孤独感，也为他们带来更强烈的对网络社交的归属感，而这加剧了i世代对网络社交的沉迷。

与此同时，互联网技术的下沉与普及、大量的移动应用软件和使用场景，极大地丰富和拓展了青少年文化参与的手段和方式，使基于不同兴趣、不同地域和社会阶层的青少年网民能够在互联网上寻找到属于自己的兴趣社区进行网络社交。

因而，网络亚文化不再是过去城市边缘青年们凭借着奇装异服式的强烈“风格化”的符号去进行社会诉求，而是网络青少年通过共同的兴趣进行的社交活动，他们凭借一定的亚文化资本来实现身份的区分与认同的建构。无论是星座亚文化、小清新文化、字幕组文化还是B站二次元文化，网络亚文化的参与者凭借着对特定的亚文化资本的获取和社区内部的符号生产与交换，实现对自身的价值肯定与社区内部共同文化的建造，在社交中共同分享精神困惑、共享文化意义，从而达到实现自我认同和集体归属的目的。

从根本上来看，当下网络亚文化的这种社交性和认同性，是基于广泛而驳杂的网民兴趣而形成的网络多元文化社群。它们激活着包括外来文化、传统文化和地域文化在内的多重经验。即使是那些看来带有一定消极色彩的网络亚文化，如佛系文化、丧文化等，其本质上仍是当下特定社会语境和媒介语境下网络年轻一代的情绪经验的表达，是年轻一代对当下社会的调侃式自嘲，更是对以各种营销号推文所营造的充满焦虑的信息语境的无奈抵抗。它们与主流文化的关系不是一种对抗式的从属关系，而是一种主流与支流的互动性关系。

这就带来当下网络亚文化的另一个特征：边界的模糊性。互联网媒介的发展所产生的数字文化经济，快速地推动着亚文化的资本征用和商业应用。如《奇葩说》《中国新说唱》《这！就是街舞》等网络综艺节目，将奇装异服、嘻哈和街舞等亚文化进行了创意征用，呈现出亚文化在网络数字文化时代的新境遇——青年亚文化日益成为数字文娱产业重要的创意源头、符号要素和流行方式。事实上，当代数字娱乐经济的发展，亟须不断地寻找创意的源头，以满足不断扩大的用户人群的审美趣味和存量用户的文化需求。而青少年作为数字文娱产业最重要的消费人群，成为资本对各类青年亚文化进行创意征用和意义收编的最重要的动力，这就使得青年亚文化与商业流行文化之间的边界不断模糊。

粉丝经济与“饭圈文化”所带来的巨大流量，也吸引着数字文娱产业主动地迎合青少年“饭圈文化”的逻辑去进行文化生产，从《偶像练习生》《创造101》到《乘风破浪的姐姐》，网络青年亚文化与商业流行文化形成了深度的合作。除此之外，面向青年消费者的亚文化意义生产的模式也被快速地技术性复制和推广，鬼畜、弹幕等亚文化生产方式，已经被各类主流媒介所采纳，融入大众文化的潮流之中。

另一方面，网络亚文化与主流文化的互动也呈现出不断加强的趋势。近年来，以青年亚文化为主要标签的B站，日益构成当代文化的关键性领域。无论是B站的跨年晚会，还是四大名著影视的弹幕热潮，B站作为网络青少年传承与创新优秀传统文化的重要阵地，体现出网络青年亚文化与主流文化互动的新格局。这显示出当代网络青年亚文化对主流文化的不断靠近与对话的内在需要。相比前人，如今年轻的网民拥有很强的民族自豪感，也有对传统文化的热爱，拥有一种较为自信的文化姿态。B站的国风热潮与抖音上的青少年对非遗文化的喜爱，正是年轻一代将数字文化经验与传统文化融合创新的一种实践。网络亚文化走向“破圈”与“融合”的趋势，也更加显著，而在这个过程中，外界对网络亚文化的认知也会更加清晰全面。

附录五：“港味文化”再度“出圈”带来的启示

近来，陈小春、张智霖、谢天华等老牌明星因为参加内地综艺再度“翻红”。在节目中，他们以自觉的文化认同与记忆构建的舞台呈现，让观众重新缅怀香港流行文化在其黄金时代风靡大江南北的共同记忆：那些熟悉的歌声与面孔在岁月中的沉淀与回旋，在观众与艺人之间形成了一种关于青春与情感的多重共鸣。

除了“哥哥们”掀起的这股“大湾区怀旧风”，来自广东台山的伍珂玥在《中国好声音》节目中，凭借对经典粤语歌曲的精彩演绎夺冠；蔡少芬、朱茵、陈法蓉等香港女艺人参与录制的美食真人秀《请吃饭的姐姐》，将“港姐”记忆与内地“网生代”的新鲜生活方式相融合……这些节目以直观而颇具冲击力的方式，将以“怀旧港风”为代表的“大湾区文化”，作为当下流行文化求新求变的重要触发点与新契机。

“港味文化”的回旋与再现，包含多重机缘：一方面，在互联网流量经济的影响下，内地娱乐圈中许多“流量明星”的艺能艺德问题备受争议，香港娱乐产业黄金时代“十年磨一剑”所培养出的敬业艺人及其经典音乐影视作品，便日益成为人们怀念并反思当下内娱发展模式的重要借鉴，这是“港味”凸显的重要表征；另一方面，随着内地文化产业的迅速发展和内娱市场的快速扩张，以及内地加强与香港影视合作等相关政策的推动，香港大批文娱产业人才大举北上寻求发展空间。他们或以其熟悉的类型化影视制作经验，深度参与内地影视作品的生产，如《智取威虎山》《湄公河行动》《红海行动》《中国机长》《攀登者》等新主流大片的创新，正是香港经验与内地故事共同谱写的成果；或作为具有影响力的艺人资源，参与内地文娱综艺的制作，如蔡少芬、王祖蓝、李克勤等香港艺人在内地荧幕上表现活跃。如果说20世纪90年代香港流行文化以其强烈的文化个性和时尚色彩风行内地，那么当下这股“港味文化”则以某种更为潜在的协作逻辑，嵌入内地文化价值构建的机体，因而更具有一种与当下中国文化的创造与发展相融合的意味。这种方式的北上与融入，事实上已不止10年。

如前所述，“港味文化”的再度“出圈”，正是在内娱生态的求新求变、怀旧心理的集体推动与合作政策等多重助力之下的成果。年轻歌手伍珂玥在“好声音”的舞台上，史无前例地全程选择粤语歌曲参赛，陈小春等香港艺人自觉以“大湾区代表队”命名，显示出“人文湾区”所赋予的文化自信。这种“出圈”与“翻红”给我们带来了多重启示：

首先，以粤语金曲和经典影视为代表的流行文化，是唤起我们这个时代集体性怀旧心理的重要媒介，蕴含着在大湾区内部铸牢中华民族共同体意识的丰富精神资源。粤语金曲、TVB剧集与香港电影在20世纪90年代的风靡与影响，成为涵盖20世纪60年代到90年代出生的广泛人群的共享性文化记忆，其内蕴的家国情怀、丰富的个体情感及多层次的生活内涵，勾连起不同代际的人们对青春、理想、情感与生命体验的共鸣。对于建设人文湾区而言，巧借流行文化、网络文化的东风，增进以此为媒介的情感认同，是语言、习俗等传统文化之外的另一大优势。

其次，应从“港味文化”再度“破圈”的显性逻辑及其长期与内地文化的隐性融合过程中，寻找粤港澳流行文化融合共建的潜在发力点。一方面，香港文娱人才的北上，是受北京、上海、湖南、浙江等地的文娱产业资源优势吸引所致；另一方面，我们也应认真思考和谋划，在大湾区内部如何充分发挥和利用优越的区位优势和独特的政策优势，实现粤港澳文娱产业、投资、人才、创意的深度合作与互通共赢。

最后，“港味文化”的复兴，是大湾区流行文化在互联网时代的一次“回响”，与此同时，海丰的五条人与河源的九连真人也在内地音乐综艺舞台上大放异彩，带动潮汕和客家方言歌曲和地域文化“出圈”。这些例子无不彰显了大湾区丰富多元的人文魅力，也在更广泛的意义上呼应了大湾区文化的某些特征，例如世界性视野的向度与地域性风格的生动融合，还为探讨以方言文化为基础的流行文化共建共融创新模式提供了新的思路。

后 记

我从2016年开始关注中国网络文艺的发展至今已经有快6个年头。如果说最初只是出于教学的需要，为本科生《文化产业与管理》课程以及文化创意与文化产业专业的研究生讲课准备素材，而开始观看各类网剧与网综的话，那么连续参与若干届中国评协与浙江评协联合主办的“西湖论坛”并被分入网络文艺组别进行发言讨论，则成为我自觉地介入网络文艺批评写作的契机。

随着对中国网络文艺关注的逐渐加深，我逐渐形成创意产业发展与国家文化治理相结合的双重视角，一方面力图从网络文艺的艺术本体及其类型创意的角度展开讨论，另一方面力图将文化价值与文化生态相结合讨论中国网络文艺发展存在的问题。因此可以说本书的写作正是对书中第三章我所提出来的网络文艺创意批评与生态批评的自觉实践。我意图通过这双重视野的介入，探索网络文艺中国实践的经验，反思其中存在问题，以一种贴合当代现实、贴合产业实践、贴合国家文化发展道路的方式，对网络文艺进行批评介入。毋庸讳言，由于本人学术视野和兴趣所限，对网络文艺的关注侧重于网络综艺、网络剧、动漫游戏、网络文学、直播与短视频，未能兼及其他类型。

本书的形成，离不开《中国文艺评论》《民族艺术研究》《瞭望东方周刊》《粤海风》《北京文化创意产业》《网络文学评论》等杂志与《人民日报》《光明日报》《文艺报》《文汇报》《南方日报》《羊城晚报》

以及“光明网文艺评论频道”等主流报刊文艺评论版的支持。本书的大部分文章发表在这些报刊上，其中部分文章是在编辑约稿下写成的，离不开编辑在选题与文稿上的宝贵意见与辛劳付出。

最后感谢中宣部“宣传思想文化青年英才”项目、暨南大学文学院高水平资助项目和首届广东省签约文艺评论家项目对本书的写作和出版的支持。

郑焕钊

2022年3月19日于广州